日本観光研究学会監修

観光学全集

第7巻

観光計画論 1
理論と実践

梅川 智也 編著

編集委員
溝尾 良隆
安島 博幸
下村 彰男
十代田 朗

原書房

刊行の辞

　日本政府は，2003年に観光立国宣言をし，2007年，観光基本法を43年ぶりに改定した観光立国推進基本法を施行した。2008年にはわが国初の観光庁が設置された。政府がこのように本腰を入れて観光政策に取り組むのは，1930年に観光局を設置して以来のできごとである。国の動きに連動して，日本各地の自治体においても，観光事業に積極的取り組む姿勢をみせている。
　このような国の観光政策に対する大きな方向転換には，観光が国や地域経済に与える効果が大きいということが認識されてきたからであるが，観光は，人間が生きて成長していくために，そして世界平和に寄与するためにも，その役割がおおきいことも理解してほしい。
　こうした国及び自治体の動きに呼応して，大学においても観光学部・学科の設置が盛んである。4年制大学で，1987年以前にはわずか2校を数えるのみであった観光学科が，1987年に施行された総合保養地域整備法の影響と今日の積極的な政府の観光政策から，全国各地に観光学科が新設され，2009年にはその数も40校に迫りつつある。
　大学の数が増えれば当然，観光学の専任教員も学生も増加するわけで，その関連から観光関連の専門書籍も数多く出版されるようになったのは望ましい状況である。
　しかし，このように観光分野が急成長を遂げつつある一方で，観光学の学問体系は存在するのかといった声も聞かれる。たしかに，新しい学問だけに観光の専門分野別にみても集大成された専門書は少ないし，まして体系化をにらんでの全集は刊行されていないのも事実である。
　そこで，いまや700名を超える私たち日本観光研究学会が，そうした批判の声に応えるために，観光学全集を刊行する責務があるだろうと，学会の事業と

して取り組むことになった。

　早い速度で観光現象が変化するだけに，観光学がなかなか理論化できない面もあるが，いつまでたってもそれは同じことで，とにかく出版をし，他の観光関連学会や行政，民間など多くの方々からご意見をいただくことにした。各分野の方々からのご意見を参考に，修正をしながら，10年くらいのスパンで全集を完成させていきたいという気持を持っている。

　その意味からも，歴史のある他学問と比較すると，まだ観光学はひよこ程度にしかみえないかもしれないが，とにかく大きな目標に向かってスタートを切った。観光学を一人前に育てるためにも，多くの方々からご意見，ご指導を賜りたいというのが，全集を刊行した私たちの率直な気持である。

　最後に，本学会のこうした企画にご理解を示し，全集の出版をお引き受けいただいた原書房成瀬雅人社長並びに編集の労をとられた中村剛さん，矢野実里さんに，心から感謝の意を表したい。

2009年11月

日本観光研究学会，観光学全集編集委員一同

はじめに

　「観光」には人間・企業・地域・国など、それぞれの立場において様々な効果がある。それ故に観光はかねて多方面から注目され、学術的な研究も多様な立場・視点から蓄積されてきている。もっとも地域における望ましい観光のあり方を描くという「観光計画」について捉えると、観光計画に関わる学術的な研究の蓄積は概して乏しい。時期的にも高度成長を背景に観光需要が爆発的に増大した1970年代前半から低成長に移行する70年代後半に比較的偏っている。

　こうしたなか、各地域において望ましい観光地像が具現化してきたかといえば積極的に肯定はできない。それには休暇制度など法制度等の問題も大きいが、計画的に観光地づくりに取り組むという考え方、そしてそのことを支え、実現へ向けて進めていくための「論」がやはり乏しかったことが影響しているものと思われる。

　まして昨今の風潮として危惧されることは、地域において望ましい観光のあり方を中長期的観点から描くという「観光計画」が影を潜めてきていること、そしてさらにいうと「計画」という言葉さえもあまり使用されず、「デザイン」等に象徴される意味が不明確な言葉に置き換えられることも少なくない。

　そこで、本巻は「観光計画」を「論」として改めて構築するという目的のもと、『観光計画論1―理論と実践』としてこれまでの観光計画研究の成果と知見をもとに取りまとめた。具体的には「第1章　観光計画の変遷」で数少ないながらも先行研究の振り返りを行い、あわせて戦後の観光計画策定に関わる内容の変遷を論じた。次いで「第2章　観光計画の概念と構造」では様々な観光計画の性格や目的、要素、構成等を紹介、論述した。「第3章　観光計画策定のプロセスと実践」では具体的な観光計画策定の実践例から手順や計画内容等を示しつつ、観光計画に関わる合意形成および計画評価の方法等について論じた。そして最後に今後の観光

計画の課題と展望について触れている。これらいわば理論編をさらに実例をもって理解する上で、本巻の姉妹編ともいえる、第8巻の『観光計画論2―事例に学ぶ』（近刊）も併読されたい。

　本巻のとりまとめは「観光計画研究会」（研究会構成は後掲）の主要メンバーによって行われた。この「観光計画研究会」は、2011年度に準備会を立ち上げ、2012年度より本格的に研究活動を進め、同時に同年度より日本観光研究学会の「研究分科会」として2014年度まで3カ年にわたる学会活動上の位置づけも獲得し、研究活動を展開した。この間、開催した研究会は50数回に上り、そこでの議論を踏まえて、数名の主要メンバーによって執筆されたものである。

　こうした活動を進めていく上で、研究会場はもちろん各種資料の提供やとりまとめ等々、公益財団法人日本交通公社から多大なご協力を賜った。末筆ながらこの場を借りて厚く御礼申しあげる。

2018年3月
観光計画研究会代表　羽田耕治
編著者代表　梅川智也

目　次

刊行の辞
はじめに

序　観光計画とは―その定義と意義 ……………………………羽田耕治　1
　1．本書で考える「観光計画」とは　1
　2．我が国には世界に誇れる観光地が少ない　2
　3．これまでの観光と観光計画　3
　4．今なぜ観光計画が必要か　4
　5．観光計画の意義　6

第1章　観光計画の変遷 ……………………………………………古賀学　9
　1．観光計画に関連する用語及び調査・研究の変遷　9
　　（1）復興観光計画始動期　13
　　（2）観光・レクリエーション施設計画主導期　16
　　（3）事例発展型観光計画期　21
　　（4）地域主導型観光計画期　24
　　（5）観光まちづくり・観光地域づくり計画期　26
　　（6）変遷のまとめ　29
　2．観光計画の策定手法の変遷　30
　　（1）観光計画の策定手法の形態　30
　　（2）策定手法の形態別の特徴　32

第2章　観光計画の概念と構造 ………………………………………野倉淳　39
　1．観光計画の概念　39
　　（1）観光計画とは　39
　　（2）観光計画の性格　41

（3）観光計画の目的　43
　（4）観光計画の基本要素　46
　（5）観光計画の地域における位置づけ　49
　（6）観光計画の地域における役割　54
2．観光計画の基本構造　56
　（1）観光計画の対象　56
　（2）観光計画の対象地域と策定主体　57
　（3）観光計画の期間と実現化の段階　59
　（4）観光計画の全般に関わる重要な観点　59
3．観光計画のプランの構成　61
　（1）プランの基本構成　61
　（2）プランの主な内容　62
4．観光計画のプランニングの構成　72
　（1）プランニングのプロセスと作業項目　72
　（2）長期にわたるプランニングのプロセス　74
　（3）プランニングの専門性　75
　（4）プランニングの重点—拡張と再生による違い　78
5．観光計画に関わる人・組織と役割　84
　（1）策定に関わる人・組織と役割　84
　（2）実践に関わる人・組織と役割　87
　（3）評価に関わる人・組織と役割　89
　（4）観光への関わりの深浅　91
6．観光計画のタイプ別の特徴　92
　（1）対象地域によるタイプ別の特徴　92
　（2）実現化の段階によるタイプ別の特徴　96

第3章　観光計画策定のプロセスと実践
　　　　………… 梅川智也（1, 2(1), 4），堀木美告（2(2)），後藤健太郎（3）　101
1．観光計画策定の流れ　101
　（1）全体の流れ　101

（2）観光計画策定に至る背景・経緯　101
　（3）観光計画策定の大枠づくり　102
　（4）観光計画策定の体制づくり　103
　（5）観光計画の理念（コンセプト），戦略，戦術の検討　104
　（6）観光計画の決定と公開　105
　（7）観光計画に基づく実現・推進体制　106
　2．観光計画の基本的な策定手法　106
　（1）基本的なプロセス　106
　（2）観光計画の策定に関わるキーポイント　123
　3．観光計画における合意形成　127
　（1）策定体制の構築　127
　（2）策定メンバーの選定　127
　（3）会議運営と議論の展開　130
　4．観光計画の実現と評価　132
　（1）観光計画の実現に向けた仕組みと体制　133
　（2）観光計画実現に関わる財源と人材　142
　（3）観光計画の評価・検証と見直し　149

おわりに　これからの観光計画の課題と展望……………梅川智也　159

　参考資料　165
　索引　166

執筆者一覧（執筆順）
羽田耕治（横浜商科大学商学部観光マネジメント学科教授）
古賀学（松蔭大学観光メディア文化学部観光文化学科教授）
野倉淳（株式会社野倉計画事務所代表取締役，横浜商科大学非常勤講師）
梅川智也（公益財団法人日本交通公社理事・観光政策研究部長）＊
堀木美告（淑徳大学経営学部観光経営学科准教授）
後藤健太郎（公益財団法人日本交通公社観光地域研究部主任研究員）

＊：執筆者代表

編集委員一覧
溝尾良隆（立教大学名誉教授）
安島博幸（跡見女子大学観光コミュニティ学部教授）
下村彰男（東京大学大学院農学生命科学研究科教授）
十代田朗（東京工業大学大学院情報理工学研究科准教授）

観光計画研究会メンバー一覧（順不同，所属は 2014 年度のもの）
羽田耕治（横浜商科大学）＊
原重一（原重一観光研究所）
梅川智也（財団法人日本交通公社）
小久保恵三（流通科学大学）
古賀学（松蔭大学）
熊谷圭介（長野大学）
野倉淳（株式会社野倉計画事務所）
中根裕（株式会社 JTB 総合研究所）
廻洋子（淑徳大学）
羽生冬佳（立教大学）

＊：研究会代表

事務局：財団法人日本交通公社

注：日本観光研究学会の研究分科会として，
2012～2014 年度の 3 か年にわたって活動した。

序　観光計画とは——その定義と意義

1. 本書で考える「観光計画」とは

　観光を考える視点は「人間と観光」と「地域と観光」、そして「産業経済と観光」に大別でき、本書で考える観光計画は「地域と観光」を主な対象とした計画である。

　「地域と観光」を考える際、観光需要に対応した受け皿側の供給（空間・景観・環境・施設・サービス等の提供）の問題（観光地としてのハードとソフトの問題）と、観光を地域活性化の手段として位置づける地域振興（産業経済・文化およびその政策と行政）の二つの主題がある。本書の観光計画ではこの二つの主題についてともに扱うものである。

　地域における観光のあり方を考える場合、その出発点は、「現状」を正しく認識して「地域の課題」を明らかにすることである。その上で、観光者のニーズに対応した「解決の策」をみつけ、同時に、観光地としての個性を見出し、さらには、住民が誇りと愛着をもてる地域とするための「振興の策」を企画することが必要不可欠である。観光計画はそうした「観光地の羅針盤」、すなわち「地域における望ましい観光のあり方およびその実現へ向けた方策と手順を示したもの」と定義づけることができる。

　全国各地で地方創生の観点から観光が注目され、観光地の国際競争力が問われている現在こそ、少し長いスパン（期間・視野）で考え、地域の観光のあり方と振興策を論理的かつ体系的にまとめた「観光計画」が必要である。

　「人間と観光」の視点からも観光計画は重要な意味を有し、観光地の充実により国民の観光の質を高めることが計画の重要な意義の一つとなり、それ故に観光計

画では観光者の満足を第一に考える必要がある。

2. 我が国には世界に誇れる観光地が少ない

　観光地について我が国の現状をみると，世界に誇りうる水準にある観光地がどれだけあるか，疑問を抱かざるを得ない。例えば，我が国を代表する観光地タイプである温泉観光地は，観光の大衆化・大量化の受け皿として高度成長期以降一定の役割を果たしてきたが，空間・景観・環境・施設・サービスが統一されたコンセプトのもとに年月とともに熟成し，全体として魅力を醸し出しているケースは少ないと言わざるを得ない。

　自然景勝地や歴史的観光地，都市観光地も同様である。来訪者が空間の美しさに感動する，楽しく快適に歩くことができる，それぞれのニーズのもとに多様な自由時間活動を楽しみ，豊かな時間を過ごすことができる観光地がどれだけ形成されているか，おぼつかないのが現状である。

　また，我が国には長期滞在可能な観光地，いわゆるリゾート地が殆どない。温泉地は1泊型が大半である。スキー場に一定期間滞在することもあろうが，空間的には宿泊施設とスキー場のみで構成され，地域全体として滞在地となっているわけではない。また四方を海に囲まれた島国であるが，海洋性の滞在型観光地は殆どない。沖縄もリゾートホテルはあっても，リゾート地は少ない。

　さらに，観光地の観光関連産業についても産業としての体をなしているか，はなはだ疑問である。宿泊や飲食・物販，娯楽，交通など伝統的な観光関連産業・事業体の多くは旧態依然とした経営体質から脱却できず，また，地域内の観光商品開発・販売やガイドやインストラクター等，新しい観光サービスはビジネスとして育っていない。このため，地域への経済効果が十分に得られていない実態もある。

　何故，我が国の観光地は，このような状況になってしまったのであろうか。その大きな要因の一つとして，望ましい観光地としてのあり方を追求して魅力を高めていくという意識が地域の側に欠落していたのではないかということが考えられる。もちろん，観光地が魅力的であり続けることは地域の願望であったであろうが，実際に

努力を続けてきた観光地は少ない。また，個々の事業者が魅力づくりを意識し，努力を続けてきたとしても，観光地としてのまとまりは不十分であり，結果として世界に誇れる観光地とはなっていない。時間をかけて努力を続けるという「将来ビジョンの存在（観光計画）」と「計画的な行為」が不足していたと考える。

3. これまでの観光と観光計画

明治初期，我が国が近代化を進める時代に「観光」という言葉が使われたが，これ以後，第二次世界大戦終戦後まもなくまでは，国における観光政策は外貨獲得のために海外から旅行者を誘致する「国際観光（インバウンド）」が中心であった。一方で，鉄道網が全国的に整備されて観光地へのアクセスが容易になり，手軽に観光旅行を楽しむ「大衆観光」が始まり，地域における産業としての観光の位置づけが高まった時代でもある。

第二次世界大戦の後，産業復興・産業開発政策のもと，高度経済成長を経て我が国は経済大国と言われるまでになったが，観光に関する国レベルでの問題意識は，急速に膨張する需要への対応とともに，条件不利地域における観光による産業・経済開発，経済格差是正にあった。地域側においては，ただ観光産業の開発・振興に主眼があった。実際に，温泉地，自然景勝地，歴史的名所など，我が国の主だった観光地の歩みを概観すると，それらの多くが観光入込客数や観光消費額等の多寡のみをもって観光地としての「発展」指標とし，主として目先の経済的利益や観光関連産業の振興を追い求めてきたことは否定できない。

この時代の観光計画は，増加する需要に対応した活動空間の確保や関連施設整備など，"量的対応のための開発計画"が中心であった。初期には，需要予測や適地選定の手法，施設の立地や建設の原単位など，計画技術に関する基礎的な調査・研究も行われ，科学的な手法を取り入れた観光計画が策定された。その後，昭和40年代後半から環境問題や地方への回帰が叫ばれると，施設だけでなくソフト対策も重視され，また，住民参加による計画策定が進められるなど，観光計画が「地域づくり」の一環に位置付けられた。ただし，受け皿の拡充と経済効果を優先した

点で，施設整備中心の計画と根本は同じである。

　バブル期になると，甘い見通しのもとでの「目新しい開発計画」や「一過性の集客計画」などが出現した。現状を分析して的確に将来を見通すという本来の観光計画から逸脱して，"バラ色の未来"＝実現困難な夢を描いていった。

　低成長時代に入ると，増加する需要への対応という側面は無くなり，産業政策としての観光産業の育成・振興と，文化や生活面を含めた地域振興のための戦略的手段としての意味づけが主流を占めてきた。その背景には，地域の基幹産業であった農林漁業の衰退，あるいは工場の海外移転に伴う製造業の空洞化の進展など地域産業の低迷があり，それだけに天賦の資源等を"安直に"活用できる観光振興への期待が高まったと考えられる。

　この時代の観光計画は，"絵に描いた餅"と言われた過去の計画への反省もあり，確実な実施が見込まれる方策を取りまとめることに主眼が置かれるようになった（他分野も同様）。その結果，現状分析等の基礎的な作業のウェイトは下がり，また，"観光地のあり方"など根本に関わる検討も十分に行われない状況が生まれてきた。

　そして近年は，従来，観光振興については意識してこなかった大都市圏所在都市が新たな産業振興のために観光振興に取り組んだり，また増大する外国人観光客の誘致を狙って大都市や地方都市がともにインバウンド関連施策を打ち出したり，観光振興は新たな局面を迎えつつある。

　近年では成果主義が導入され，短期に成果が現れる方策に偏重し，中・長期の計画は敬遠される傾向にある。本来的な観光計画には成果主義にも対応した計画評価まで含まれるのであるが，その理解と普及は今後の課題である。

4. 今なぜ観光計画が必要か

(1) 観光地の基本的な問題点

　我が国の多くの観光地は，「問題」「課題」を置き去りにして，目先の観光客の増加，ひいては経済的な利益ばかりを求めてきた。その振興策は，「比較的簡単

に，今すぐできること」「各種施設の整備やイベント開催などその時々の『ブーム』への対応・追従」「キャンペーンなど安直な誘客プロモーション」など，短期間で結果が見えるもの，に終始してきたことは否めない。

　観光地の振興が思うように進まない地域に共通する事柄として，観光振興の課題・目的・目標・方向性・手段・事業主体が明らかでなく，地域における観光振興のあり方に関する共通理解に欠けることが挙げられる。従って，いつまでたっても「地域としての望ましい観光のあり方」に向けた議論は堂々巡りとなり，蒸し返しを繰り返すこととなる。この結果，近視眼的な取組み，個々の方策相互に関連性がない思い付き的な取組みを続けてきたと思われる。そうした諸課題を解決するのが観光計画である。

(2) 観光計画の必要性—今こそ長期的かつ総合的な取組みを

　観光は，経済面だけでなく，社会や文化に様々な効果をもたらし，地域住民の生活を豊かにする。そうした観光の多面的な効果を引き出し，高めること，場合によっては観光資源の価値の毀損などの問題を未然に防止することなどが本来的な観光の振興である。

　また，観光地には美しく快適な環境のもとで訪れるたびに感動する総合的な魅力が求められ，その魅力の維持・向上のために観光資源を保全しかつ新たな魅力要素を付加していくという継続した努力が観光振興には不可欠である。

　このような観光振興の具現化へ向けた考え方と方策・手順を論理的かつ体系的に定め，継続した努力によって計画を実現していくものが観光計画である。

　第二次世界大戦後70年が経過した今日，我が国は物量的には豊かになったが，質的な面では不十分な要素が多々あると考える。その一つが，国民が充実した余暇生活を楽しみ，誇りを持つという心の豊かさを実現するための観光地の充実である。"世界に誇れる観光地"を育てていくことである。そのために，観光計画は必要不可欠な計画ではなかろうか。

5. 観光計画の意義

　以上，地域の観光振興において観光計画が必要な状況を示したが，観光計画が地域の観光振興にどのように役立つのか，観光計画の"地域にとっての意義"は以下のように示される。

(1) 観光振興に計画的に取組む
　"世界に誇れる観光地が少ない"という実態が示すように，我が国の多くの観光地で進められてきた観光振興は計画的であったとは言い難い。計画的であったとするならば，望ましくない方向へ導いていったのであろうか。こうした点を反省し，「計画的に取組む」ことが今後の観光振興において最も基本的かつ重要な姿勢であると考えられる。

　計画とは，"地域を見つめて，目標を設定し，手段を組み立て，効果的・効率的に実施し，成果を評価する"ことである。この計画のプロセスを基本に，個別の問題を科学的・論理的に検討し，総合的な観点から観光振興を推進することが「計画的に取組む」ことである。観光計画の実践は，単に計画書を作成することではなく，この計画的な取組みを誘導するものである。

(2) 将来を見据えて企画する
　従来の観光振興は，計画的ではなかったと同時に，どの様な観光地を目指してきたかも問題である。10年前あるいは20年前に描かれた将来の観光地像はどこでも同じ様なものであったのか，と疑問が湧く。今後の観光振興では，地域における将来の観光のあり方，観光地の目指す姿を明確にして，その実現のための戦略・戦術を企てることがより重要になると考えられる。

　このとき，地域における観光のあり方や観光地の目指す姿に関する検討は，一般には，特別な機会でないと行われない。その機会の多くが観光計画の策定時であり，数年に一度の貴重な機会でもある。この貴重な機会を十分に活用して，地域

の関係者が夢を抱いて目標に向かうという未来志向の戦略的な観光振興が推進されることが期待される。また，将来に向けた戦略・戦術の組み立てにより，目先の安易な対策に固執せず，長い目で見た工夫が継続していくことが期待される。観光計画は，この様な「企画する姿勢」も生み出すものである。

(3) 時間をかけて観光地を仕上げていく

　前項に示した将来を見据えた観光振興には，時間をかけるという要素が非常に大切である。しかし，短期的な成果に捕らわれ過ぎてきた観光振興には，時間をかけるという概念が欠落しているかのように思われる。特に近年は，観光関連情報の氾濫や外国人観光客の急増など観光を取り巻く状況は捉え難いものとなり，"時間をかけてはいられない"といった状況も見受けられる。

　観光計画においては，中期・長期の目標を設定してその実現策を組み立てる，即ち，毎年の方策を5年・10年と積み重ねることで目標の実現を目指す。毎年の実施された方策は目標に対して成果を評価され，必要に応じて軌道修正される。この時間をかけたプロセスにより，観光地が仕上げられていく。

　時間をかけて仕上げることは，公園や街路に樹木を植えることに例えられる。20年・30年と時を経ると樹木は大きくなり，公園や街路に風格といったものが生まれる。観光地についても，樹木のような育つものが盛り込まれることで立派に仕上がっていく。観光計画は，この仕上げを工夫するものである。

(4) 様々な総合化を進める

　これまでの観光振興によって"世界に誇れる観光地"が形成されてこなかった大きな理由の一つに，「総合化」が不十分であったことが挙げられる。例えば，先に述べた"魅力ある温泉観光地が少ない"という問題は，温泉地ではあっても「快適な滞在地」ではないということであり，滞在の魅力という観点から「総合化」されていないと言える。

　観光地における「総合化」には以下のような様々な対象があり，観光計画では，これらの適正な「総合化」を検討し，観光地全体としての「まとまりの良さ」や「質

の高さ」を生み出すことを目指すものである。
- 主体の総合化：観光者，観光事業者，地域社会（住民，行政等）等
- 魅力の総合化：移動，滞在（宿泊，食事，買物等），体験，交流 等
- 受け皿の総合化：地域環境と観光資源，ハード対策とソフト対策 等
- 観光の効果の総合化：地元資源の活用と経済循環，住民生活への波及 等
- 支える人材の総合化：地域人材の活用，人材ネットワーク 等

（5）関係者の協働により地域を経営する

　以上に示した観光計画への取組みは，地域の関係者が参加し，内容を理解したうえで合意し，責任と役割を分担することで実践される。表面的な住民参加ではなく，「地域を経営する」という観点からの積極的な協働である必要がある。

　この協働は，観光計画の有無に関わらず，地域において観光を振興していく場合に必ず必要なことであり，観光計画を実践することで協働のレベルを段階的に高めることができる。また，観光計画の策定段階では様々な協議が行われて関係者の相互理解が深まり，実施段階の協働の準備が行われる。

　さらに，「将来を見据えた企画」や「様々な総合化」などは一般企業の経営と基本は同じであり，観光地という単位で地域経営を行う「観光地経営」に繋がるものである。観光計画の実践を通して関係者がこの基本を共有することで，望ましい観光の実現に向けて地域が適切に，かつ持続的に運営されていくと期待される。

第1章 観光計画の変遷

1. 観光計画に関連する用語及び調査・研究の変遷

　終戦直後の1946（昭和21）年，いち早く観光計画が実施され，その後現在まで観光計画はその時代の背景を反映しながら名称，手法などの変遷を重ねながら今日に至っている。それは，観光が常に社会の状勢に大きく左右されやすいこと，また未だ確固たる理論的裏付けに乏しいこと，などがあげられよう。そこには我が国独自の観光という言葉及びそれに関連する言葉の理念や意味の確立がなされていないという根本的な問題が潜む。

　また，一般的には観光関連の計画を総称して観光計画というが，その時代時代の社会の移り変わりに対応するかのように，観光計画に関連する用語も変わってきている。この用語の移り変わりは観光計画論のあり方をも変えてきていると言える。

　本章の第（2）節では，戦後の観光計画をリードしてきた（社）日本観光協会（現在の公益社団法人日本観光振興協会）の実績を主な拠り所として，その時代の変遷に併せて移り変わってきた観光計画関連の用語の変遷とその背景となる調査・研究の変遷及び観光計画の手法の変容について考察する。

　ここでは，観光計画に関連した用語の変遷及び調査研究の実践内容の特徴を踏まえて，戦後から現在までを次の5段階に区分した（図1-1）。

1. 復興観光計画始動期【1946（昭和21）年～1963（昭和38）年】
2. 観光・レクリエーション施設計画主導期【1964（昭和39）年～1975（昭和50）年】
3. 事例発展型観光計画期【1976（昭和51）年～現在】
4. 地域主導型観光計画期【1987（昭和62）年～現在】
5. 観光まちづくり・観光地域づくり計画期【2000（平成12）年～現在】

年	時代区分	観光計画	主に使われていた観光・観光地計画の呼称と時期	計画調査関連書籍等	主な政策等
1946 昭和21	復興観光計画始動期	診断型観光計画手法			
1947					
1948			観光計画・観光地計画		国際観光ホテル整備法制定
1949					
1950					旅行あっ旋業法制定
1951					
1952			観光開発計画		
1953					
1954					
1955					
1956 昭和31					自然公園法制定
1957			観光基本計画・観光構想計画・観光総合計画		
1958					
1959					
1960					
1961					観光基本法制定 全国総合開発計画［地域開発の均衡ある発展(拠点開発方式)］ (財)日本交通公社観光開発計画・旅行・観光分野の専門調査機関へ 【スペースコンサルタンツ設立】
1962			観光診断		
1963					総務省「第1回観光白書」 東京オリンピック 日本人の海外旅行自由化
1964	観光・レクリエーション施設計画期	演繹型	観光・	JTA「広域観光総合調査（瀬戸内海）」	第1回観光週間［2009(平成21)年末で］
1965				JTA「広域観光総合調査（東北地域）」	
1966 昭和41				JTA「広域観光総合調査（九州地域）」	
1967				JTA「観光開発地域（北海道地域、中国地域、四国地域）」	
1968				JTA「観光未開発地域における観光診断」	
1969				JTA「大都市周辺における内陸性レクリエーション施設の計画」	新全国総合開発計画［豊かな環境の創造(大規模開発プロジェクト方式)］ ［ラック計画研究所、ジュピオ設立］
1970				JTA「広域観光総合調査（関東地域、関西エリアの計画手法と適用）」	運輸省「大規模観光レクリエーション基地」（整備は48年から） 建設省「レクリエーション都市」
1971					

第1章　観光計画の変遷

年	観光計画手法関連	主要事項
1972	JTA「広域観光総合調査（沖縄地域）」（株）ランド計画研究所「メッシュ・アーバリシス」	社団法人日本観光協会「第1回観光地美化キャンペーン」
1973	JTA「観光レクリエーション地区と観光施設の基準に関する調査研究（観光地の基準）」JTA「観光レクリエーション施設の計画（1）」建設省道路局「観光交通資源調査報告書」	第1次オイルショック【ジェトロ日本輸光ダイナミクス、観光都市計画事務所設立】
1974	建設省道路局「観光交通資源調査Ⅱ」データ編（10Kmメッシュ地図）	
1975		
1976 昭和51	ランド計画研究所「観光レクリエーション計画の手法」	
1977	JTA「観光計画の手法（調査名観光レクリエーション計画技法調査）」	第3次全国総合開発計画
1978	前田豪「メッシュプランニングメッシュ法とその計画技法を応用した観光レクリエーション計画技法の研究」	運輸省「中規模観光レクリエーション地区（家族旅行村）」第2次オイルショック ピーク
1979	JTA「観光地づくりの知恵（低利用観光地の利用促進対策Ⅰ）」	オイルショック ピーク
1980		
1981		
1982		
1983		
1984	JTA「観光地づくりの道徳」	
1985	内閣総理大臣官房審議室「既存観光地の活性化に関する調査研究」	
1986 昭和61		国際観光モデル地区制定
1987	JTA「海洋性観光地計画の手引き（明日のリゾート開発に向けて）」	「総合保養地域整備法」施行第4次全国総合開発計画多極分散化国土の形成
1988	JTA「観光レクリエーション施設計画の手引き（スポーツ施設編）」	ふるさと創生（通称：1億円事業）「自らが考え自らが行う地域づくり」90年代観光振興行動計画（TAP90）
1989 平成元	JTA「日本型リゾート計画論」	
1990		
1991		
1992	JTA「観光・リゾート計画前田案」	
1993		
1994 平成6	綜合ユニコム株式会社「観光・リゾート計画論／地域おこし型文化・観光施設整備計画・実態調査資料集」	第1回優秀観光地づくり賞
1995		

観光計画手法：計画主導期 → 帰納型観光計画手法

レクリエーション計画 / 観光地づくり / 観光・リゾート計画 / 観光行動計画

年	事例発展型観光計画期	地域主導型観光計画期	観光まちづくり・観光地域づくり計画期	代替型観光計画手法	計画	観光まちづくり	観光地域づくり	調査・研究報告書等	関連事項
1996									
1997									
1998									JTA「既存観光地の活性化(8)」 JTA「観光地づくりの実践 I, II, III」(2ヵ年) アーバンアメニティ研究所編「観光診断ケーススタディ」	(5全総)21世紀の国土のグランドデザイン〜地域の自立の促進と美しい国土の創造
1999 平成11									
2000								(財)アジア太平洋観光交流センター 観光まちづくりガイドブック	
2001								JTA「観光地づくりの手法〜「優秀観光地等受賞観光地に学ぶ〜」	
2002									国土総合開発法→国土形成計画法 総務省・国土交通省等「観光カリスマ百選」の選定 ビジット・ジャパン・キャンペーン開始
2003								JTA「まちからの観光地域づくりのための手引」	
2004								国土交通省関東地方整備局・関東運輸局編「一地域住民が来て良し、訪れてよしの観光地づくり〜」	「県観光三法」施行 観光地域づくり実践プラン
2005									
2006								JTA編「観光実務ハンドブック」	観光立国推進基本法制定 ニューツーリズム創出・流通促進事業
2007									観光庁発足 観光圏整備法施行 観光立国推進基本計画(第1期)
2008								国土総合研究機構観光まちづくり研究会「観光まちづくりのエンジニアリング〜観光振興と環境保全の両立」 西村幸夫編「観光まちづくり」	国土形成計画
2009 平成21								総合観光学会編「観光まちづくり」	
2010									
2011									
2012								(公財)日本交通公社「観光地経営の視点と実践」	
2013									
2014 平成26									観光立国推進基本計画(第2期)
2015 平成27									

図 1-1 観光計画の用語と調査・研究報告書等の変遷

注 JTA=現公益社団法人日本観光振興協会

(1) 復興観光計画始動期【1946（昭和21）年〜1963（昭和38）年】

戦後復興とともに，観光振興においても「旅館業法」（1948（昭和23）年），「国際観光ホテル整備法」（1949（昭和24）年），「旅行あっ旋業法」（1952（昭和27）年），「自然公園法」（1962（昭和37）年）などの法整備がなされ，そして1963（昭和38）年，観光基本法が制定された。こうした動きに呼応して，1960年代前半には，観光地の調査や計画策定等の専門作業を担う観光コンサルタントが誕生していった。

1）観光計画の始動

戦後復興期の観光計画の経緯については，戦後の観光計画の先駆的役割を果たした高橋進の1982（昭和57）年に行われた最終講義により知ることができる。それによると，戦後の開拓政策が観光地に及ぶ計画が持ち上がったとき，全日本観光連盟（現（公社）日本観光振興協会）より農林水産省へ申し入れをし，また農林水産省の役人と立ち会い調査などを行った結果，日本の有名な観光地・風景地は開拓から除くという決定を得ており，その後「こんなことをしているうちに，別府市の都市計画をやってくれとか，霧島のえびの高原の開発計画をやってくれとかいうような話があちこちから，日本観光協会（当時は全日本観光連盟）に来始めました。その頃は今のような造園や観光のコンサルタントというものは，まだ全くなかったのです。昭和29年頃のことです。ある時，茨城県から『観光協会の予算が年度末に少々余りそうだから，何かよい仕事はないだろうか』という相談をうけました。そこで私は，県下全域の観光調査をしたらどうか，と提案し，県の方も納得してくれたので，その調査にかかることにしました。当時の社会情勢の変わりようは目まぐるしく，特に交通機関の発達が急速に進みはじめました。大型バスが開発され，それにつれて，観光旅行も大きく変わりはじめたのです。観光地をもっている地元では，この情勢の変化に，どう対応したらよいかが判らなかった。それで，観光地の見直しをやろうというわけです」とし，戦前の観光地を見直すというところから観光計画が行われている。そして続けて，「さらに，観光にあまり縁のなかった農村でも，観光を取り入れた村づくりをすすめるのにはどうしたらよいか，ということについて調査をしてアドバイスをあたえようということを考え，『観光診断』という名を

つけて調査を始めることにしました。これには当時，東京大学教授の加藤誠平先生と同じく東大におられた鈴木忠義先生の協力をいただくことができました。また当時造園学科の助手をしていた小谷達夫君，彼はその後，立教大学の教授となりましたが，これらの方々にも加わってもらいました。こうして私たちは3ヶ月位かかり，茨城県の全域を隈無く調査し，主な町村には殆ど全部足をはこびました。昼間は現地を見てまわり，夜は村役場の人たちと食事をしながら話し合いました。……そこでわたくしはこの観光地調査を全国に普及することにつとめました結果，殆ど全国各地で，『観光診断』をやらない県はない程にひとつのブームになったのです」。

　このように，ここで戦後新たに観光地を目指すという視点からの計画として"観光診断"という名称が生まれてきた。

2）観光診断の始まり

　全日本観光連盟が"観光診断"という言葉を使い始めたが，その発端は，1946（昭和21）年，全日本観光連盟の発足と同時に始まったとも言える。全日本観光連盟には観光事業相談所が開設され，当初は観光一般の事項についての無料相談を行っていた。正式に観光診断と呼ぶようになったのは1956（昭和31）年からである。この語は，商工関係方面で行われ始めていた企業診断とか商店街診断などの事業にならってつけられた。この観光診断は，1957（昭和32）年，茨城県における全県診断の実施をきっかけとして，全県，ブロック，市町村単位での実施が全国的に広がり普及した。

3）国際観光と観光開発

　1953（昭和28）年に策定された「伊豆半島観光開発計画」（全日本観光連盟）の報告書の「一．はじめに」には，観光における国際観光推進に対する外貨獲得への意気込みが次のように語られている。「我が国の復興には外貨の獲得は絶対的な要請である。然るに国際情勢や国内諸般の事情から外貨獲得上大いに期待されていた貨幣も予想程の成果も上がらず経済界の立ちあがりもまた中々容易でない今日，われわれは是非国際観光の振興に期待せねばならないと思う。観光事業は外貨獲得に役立っている諸産業中でも効率は最も高いので，豊富な観光資源を活用して日本の復興に一日も早く寄与させるべきである。昭和二十七年の入込観光客の

数は，六四，四五三人に対し，その国内消費額は未だ七十六億五千万円にしか上っておらぬが，国際情勢の好転を機として飛躍的に伸長する可能性は十分ある。現在の国際観光事業の実様は極めて偏った範囲内の国際観光ルートを観光外客に利用させているだけであって，東京の近くでは富士，箱根，鎌倉，日光のみで関西に於いては京都，奈良，神戸付近を出ていない上，その施設も極めて不完全な状態と云わざるを得ない。そこで今後，東京に近い地域に強力な国際観光地を物色して施設を整えその利用を促進するならば，国際滞在日数の延長と利用機会の増大等により消費額の躍進的増加を期待することができる（以下略）」。

ここでは，①国際観光への外貨獲得への期待，②国際観光ルートの偏りと施設整備の不備，③東京周辺の観光地整備による滞在日数の延長，など国際観光における課題があげられている。未だに解決されていない課題でもある。

この計画は政府関係筋からの依頼で策定されたもので，その目的は，東京に近いという立地条件を生かして施設を整備し国際観光地として利用を促進し，外客の国内滞在日数の延長，国内消費額の躍進的増加を期待するとともに，特に天城地域は今後避暑地としての開発を促進するというものであった。報告書の内容は，「一．はしがき」，「二．伊豆半島の観光的概説」，「三．地元における観光開発計画」，「四．観光開発計画」の4項目に分れている。「一．はしがき」では外貨獲得に資する伊豆の観光開発を述べ，二は，(1) 地形・地質及び温泉，(2) 気候の2項目，三では，(1) 天城山の開発計画，(2) 静岡県当局の道路計画，(3) 下狩野附近のゴルフ場計画，とその地元の計画内容を述べているが，県や町でのゴルフ場や有料道路への希望が大きいことを強調している。「四．観光開発計画」は，(1) 地域計画，(2) 道路計画，(3) 地域別観光計画となっており，(1) では伊豆の観光開発は全域の均等開発を行うよりは域内から幾つかの特徴ある中心地域を選び出しそこに重点的に施設を集中していくほうがはるかに有効だと断定しており，伊東天城地域（観光，休養，運動の施設を集中する地域），下田地域（亜熱帯の特色と海岸線を強調する地域），修善寺三津地域（富士の展望と海上観光とに重点をおく地域）の3重要地点を選び出している。(3) 地域別観光計画ではその地域の開発方針，配置施設などを記している。この報告書はわずか18ページのものであるが，端的

に伊豆半島の開発方針，必要施設，期別計画などが述べられている。この観光開発計画がその後の静岡県による伊豆地域の開発計画となり，伊豆観光開発株式会社の基をなすこととなった。

一方，国の動向では，1962（昭和37）年10月に，当時の池田内閣が，国土の利用・開発および保全に関する総合的かつ基本的な計画となる全国総合開発計画法にもとづく「全国総合開発計画（全総）」を閣議決定した。この中で法定計画でははじめて観光に関して「観光開発の方向」という独立した章が設けられ，新たな観光地の形成の必要性や観光資源の保護と利用促進など観光開発の将来の方向性及び課題等が記述された。これを受ける形で，1963（昭和38）年6月に「観光基本法」が制定，公布され，ハード・ソフト両面において観光開発，観光振興に向けた各種取組みが進展することとなった。なお，日本人の海外旅行が制限付きながら自由化されたのは翌1964（昭和39）年からであり，また，同年，我が国はOECD（経済協力機構）に加盟し，先進国としての道を歩み始めることとなった。

（2）観光・レクリエーション施設計画主導期
【1964（昭和39）年～1975（昭和50）年】

1964（昭和39）年3月の法改定に伴い，同年4月に「特殊法人日本観光協会」は国内観光を中心とする「社団法人日本観光協会」と外客誘致を中心とする「特殊法人国際観光振興会」に分割された。その前年には，財団法人日本交通公社が旅行営業部門を株式会社化して独立させ，旅行・観光に関する調査・研究専門機関に移行している。この二つの機関が，以後の観光関連の調査・研究及び計画策定を牽引していく（図1-2）。

1964（昭和39）年，総理府より第1回観光白書が発刊され，また10月には第18回東京オリンピックが開催される。次の年には第1回観光週間が制定されている。1969（昭和44）年，新全国総合開発計画（新全総）において大規模開発プロジェクト方式が打ち出され，高度経済成長にのって高速道路や高速幹線鉄道の整備が進められた。それらが観光振興に与えた影響も大きい。運輸省は1973（昭和48）年度から大規模観光レクリエーション地区の中核的な施設の整備を実施する地

第1章 観光計画の変遷　17

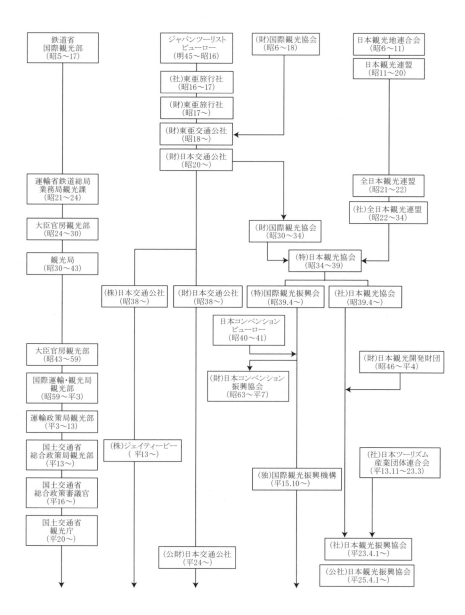

図1-2　我が国の主要な観光関連機関の変遷
出典：(公社)日本観光振興協会『数字でみる観光』をもとに加筆修正。

方公共団体に対して補助金を交付し，また，レクリエーション都市整備要綱（1970（昭和45）年12月10日建設省決定）などの政策が立ち上がる。その後，1973（昭和48）年末に第1次オイルショックが起こる。

　この時期は，観光に関する調査・研究が盛んに行われた。その大きな要因として，日本船舶振興会（現日本財団）の補助金がある。1962（昭和37）年，モーターボート競走法の一部改正に伴い，同法の振興対策事業に新たに「観光」が追加された。この法改正に基づく最初の補助金が1964（昭和39年）度に新設された社団法人日本観光協会へ交付されることとなり，観光計画の基礎となる調査・研究が行われるようになった。また，それら調査・研究の大きな原動力となったのは，1970年代前半頃に設立された複数の観光系コンサルタント会社であり，観光計画・調査の実施が大学からコンサルタントへと移り変わってきた。

1）　観光地計画の手法論

　1966（昭和41）年から1971（昭和46）年の間，瀬戸内海，東北，九州，北海道，中国，四国，関東，関西そして沖縄のブロック別の広域観光総合調査が実施され，東北や九州などにおいてはメッシュによる資源解析や観光ルートの設定が行われるなど，その後の観光計画の基礎となる手法が用いられた。これらの成果を踏まえて，1969（昭和44）年には「観光開発計画の手法」（社団法人日本観光協会）がまとめられた。

　1971（昭和46）年には，運輸省より「観光・レクリエーション・エリアの計画手法と適用」が示された。わずか32頁のものであるが，第Ⅰ章で，計画の概念，プロセス，システム，そしてメッシュプランニングなどの技法，第Ⅱ章でその適応例が簡潔にまとめられている。そして，1975（昭和50）年には「観光・レクリエーション計画の手法」（株式会社ラック計画研究所）がまとめられた。当時における観光・レクリエーション空間の観光計画技法の集大成とも言えよう。

　これらの実践を踏まえ，1971（昭和46）年に「メッシュ・アナリシス」（株式会社ラック計画研究所），1975（昭和50）年に「メッシュ・プランニング〜メッシュ法とそれを応用した観光・レクリエーション計画技法の研究」（前田豪）がまとめられている。

2）観光地計画の原単位と観光資源の評価手法

　この時期，その後の観光計画の基礎ともなる幾つかの調査・研究がなされた。その一つは，「観光レクリエーション地区と観光施設の基準に関する調査研究」（社団法人日本観光協会，1972・73（昭和47・48）年）である。観光の急激な進展に対して観光地の受入体制としての必要最低限の施設さえ不十分であること，また，極めて不充分な計画内容によって開発を行ないつつある現状を憂慮し，計画に必要な原単位となる各観光施設及び観光地に関する基準を策定するための基礎資料がまとめられた。このような観光計画に必要な原単位のまとまった調査・研究は，これ以後行われていない。

　また，1972（昭和47）年から2カ年をかけて建設省が高速交通体系の整備にあたり，全国の観光資源の分布及び評価について「観光交通資源調査」を実施した。この調査を基に，当時の観光研究者などと担当した財団法人日本交通公社により4段階（特A級，A級，B級，C級）に評価された「全国観光資源台帳」が作成され，その後も評価の見直しが定期的に行われ，観光資源評価研究の一つとして今日に至っている。その考え方は，「交通公社の新日本ガイド」（21冊）（日本交通公社出版事業局，1973（昭和48）年初版発行）にも生かされている。

美しき日本

　1999（平成11）年に財団法人日本交通公社が発行した写真集「美しき日本」には391件の観光資源が，そして2014年に財団法人日本交通公社改組50周年事業として発刊された『美しき日本─旅の風光』では，新たに観光資源の再評価に取組み，海外にも紹介したい特A級，A級の観光資源451件が選定された英文対訳付きの写真集となっている。

3）新全総・大規模プロジェクトと観光開発

　1964（昭和39）年，東京オリンピック開催を契機に，高速鉄道網や幹線高速道路の整備，飛躍的な自家用車の増加による自動車旅行などが後押しとなり，レジャー

の大衆化が一気に進展した．また，遊園地やスキー場，ゴルフ場などの大型レジャー施設等の整備が進んだ．観光計画においても，それらレクリエーション施設及び関連施設・設備の整備計画を中心に手法論が論じられた．

新全国総合開発計画で構想された大規模プロジェクトに押されて，「大都市周辺大量レクリエーション施設の計画」調査（社団法人日本観光協会，1969・70（昭和44・45）年）が実施され，初年度は海洋性観光レクリエーション基地について，2年度は内陸性観光レクリエーション基地について，計画手法の検討及び各10カ所をケーススタディとして計画策定を行っている．

観光開発による地域振興策として特に注目を集めたのがスキー場開発である．新潟県胎内市（旧黒川村）では，1965（昭和40）年に国設胎内スキー場が国有林野を活用して開業したが，これまで冬期は大都市への出稼ぎを余儀なくされた地域住民にとって，スキー場によって雇用の場が生まれたことは画期的な出来事として受け入れられた．こうした事例が全国に広がり，開発すればスキー客が確実に来訪するスキー場開発は，地元自治体が公営事業として取組んでも，つまり官設官営でも採算がとれる地域活性化事業としてバブル経済崩壊期まで続くこととなる．その背景には，林野庁による国有林野の積極的なレクリエーション利用政策があったことは言うまでもない．

オイルショック以前に構想され，1980（昭和55）年から1988（昭和63）年にかけて13ヶ所設置された大規模年金保養基地（グリーンピア）も我が国で行われた官による計画的な大規模観光開発の一つである．後述するように，観光計画の視点からみても当時は滞在型のリゾート開発に関する知見やノウハウは未熟で"絵に描いた餅"に過ぎなかったと当時のプランナーは語っている．

一方，これら大型プロジェクトやマス・ツーリズムの進展は，観光による環境悪化を大きく表面化させた．1972（昭和47）年から1975（昭和50）年に「観光地ゴミ公害に関する研究」調査（社団法人日本観光協会）が行われ，廃棄物等の現状や発生量の原単位の調査，廃棄物公害対策の方法論の確立研究，上高地における実証実験などが行われている．

観光による環境の悪化は，観光や観光開発という言葉にマイナスイメージを植え

付けることとなる。また，観光振興の名目での大規模開発への懸念と地域主体の観光振興との遊離が露呈してくる。

(3) 事例発展型観光計画期【1976（昭和51）年～現在】

1973（昭和48）年から1974（昭和49）年に発生した第1次オイルショックを経て，1977（昭和52）年に「第三次総合全国開発計画（三全総）」が策定され，これまでの開発志向とは打って変わって「定住構想」が打ち出された。

1979（昭和54）年の第2次オイルショックにより不安はピークとなる。運輸省の大規模観光レクリエーション基地とともに1978（昭和53）年には中規模観光レクリエーション基地として規模を大幅に縮小して家族旅行村が事業化される。

また，低利用・未利用地域の観光計画論が進むなか，一方では1985（昭和60）年に「既存観光地の活性化に関する調査研究」（内閣総理大臣官審議室）と"既存観光地"という視点が活性化という言葉とともに使われるようになる。後になるが2005（平成15）年には「従来型観光地の再生に向けて」（国土交通省関東地方整備局・関東運輸局）と"従来型観光地"となり，第Ⅰ章総論編では「観光地の魅力はなぜ失われたか」と冒頭から反省の弁ではじまっている。

1）観光地づくり

1976（昭和51）年，先の「観光開発計画の手法」の改訂版として「観光計画の手法」が策定された。わずか6年での改訂である。いかに観光，観光地にとって変動の時期であったかを伺わせる。観光計画が普遍的な計画手法と社会や地域性に対応した手法との組み合わせで成り立っているとすれば，観光計画技法の変化は，社会や地域の変化による要請が大きいのであろう。

また，観光計画の立場を示す大きな変化は，「観光開発計画」から「観光計画」と名称から「開発」が取り除かれたことである。観光計画の下で行われた開発が環境に対して大きく負の影響を与えたことから，"開発"＝悪であるというイメージが付与されてしまったことによる。また，観光への考え方が"特殊なエリア形成"から"生活や地域文化との一体化"といった視点を持ち出したことである。

さらに，「観光計画の手法」の"はじめに"では「……観光は美しい豊かな"まち

表1-1 日本観光振興協会発行機関誌からみた観光計画関連特集のタイトル

号数	発行年	元号	月	特集名
1	1964	S39	9	観光開発と地方観光行政の諸問題
8	1966	S41	7	観光開発の経済効果
14	1967	S42	7	これからの観光開発とセールス
19	1968	S43	5	レジャー・社会・人間
21	1968	S43	9	昭和60年の観光・レクリエーションの展望
22	1968	S43	11	観光の長期探訪と観光開発の問題点
32	1970	S45	7	観光開発のプロセスと問題点
36	1971	S46	3	観光開発への新課題
42	1972	S47	3	観光開発論へのアプローチ
51	1973	S48	9	主要12社にみる観光レクリエーション開発のあゆみ
52	1973	S48	11	マリーナ開発の現状と課題
54	1974	S49	3	観光地開発計画の手法
55	1974	S49	5	観光地開発計画の手法
69	1978	S53	3	手づくり志向と観光空間の新展開
159	1979	S54	12	余暇政策と観光・レクリエーション
160	1980	S55	1	観光開発の新方向
164	1980	S55	5	観光地の計画から実現まで
165	1980	S55	6	観光地整備の計画と実践
200	1983	S58	5	観光・レクリエーションの展望
202	1983	S58	7	観光地づくりの視点
204	1983	S58	9	わがまちの観光戦略(上)—富山シンポから
205	1983	S58	10	わがまちの観光戦略(下)—富山シンポから
229	1985	S60	10	観光地づくりはどう変わってきたか
230	1985	S60	11	観光地づくりシンポジウム 21世紀への布石(上)
231	1985	S60	12	観光地づくりシンポジウム 21世紀への布石(下)
234	1986	S61	3	観光地づくりと民間活力
239	1986	S61	8	観光地づくりと発想の転換
241	1986	S61	10	私のリゾート(開発)論
251	1987	S62	8	リゾート&リゾートライフ
262	1988	S63	7	"リゾート"点検
265	1988	S63	10	観光地づくりと人づくり
287	1990	H02	8	真のリゾート像を求めて
288	1990	H02	9	観光振興と商工会(商工会議所)の役割
289	1990	H02	10	地域づくりのための温泉利用
291	1990	H02	12	地域イメージをさぐる
311	1992	H04	8	観光づくりと条例&要綱
313	1992	H04	10	観光地の自己診断
316	1993	H05	1	リゾート再考
353	1996	H08	2	滞在型・拠点型観光地
355	1996	H08	4	新しい観光Ⅰ
356	1996	H08	5	新しい観光Ⅱ
380	1998	H10	5	地域らしいまち並みをつくるⅠ
381	1998	H10	6	地域らしいまち並みをつくるⅡ
383	1998	H10	8	既存観光地の活性化
407	2000	H12	8	観光地づくりは「人」から始まる
431	2002	H14	9	新世紀の観光地域づくり

号数は,1978年5月号から日観協ニュースと合併し,日観協ニュースの号数を継承。
1964.9-1975.1 隔月発刊「観光」
1975.5-1978.3 季刊発刊「観光」
1978.5-2007.4 月刊発刊「月刊観光」
2007.春号- 季刊発刊「観光」「観光とまちづくり」

づくり"にもつながるものであり，観光開発を行う者も，観光計画を策定する者も，さらには観光を行う者も，観光の意義を理解し，正しい理念と技術を身につけることが要請される……」と，"まちづくり"という言葉を使っている。なお，"づくり"という言葉が使われ始めたのもこのころからである。その後，「観光地づくりの知恵」(事業名：観光適地利用促進調査，調査名：低利用観光地の利用促進対策，1978・79 (昭和 53・54) 年)，「観光地づくりの道標」(1984 (昭和 59) 年) と名称を"観光地づくり"としている。

公益社団法人日本観光振興協会の機関誌の特集 (表 1-1) においても，1980 (昭和 41) 年 1 月号の"観光開発の新方向"を最後に「観光開発」の言葉は無くなり，1985 (昭和 60) 年 7 月号は"観光地づくりの視点"と「観光地づくり」が使われている。ちなみに，2002 (平成 14) 年以降 2014 (平成 26) 年まで計画関連の特集は組まれていない。

行政における観光と余暇・レクリエーション

　1975 (昭和 50) 年前後は，行政から課単位の観光担当が一時的に無くなった時期でもある。例えば兵庫県は，1971 (昭和 46) 年度に商工部観光課であったのが，1972 (昭和 47) 年度は生活部余暇課，1975 (昭和 50) 年度は企画部文化局余暇担当，1976 (昭和 51) 年度は商工部商業貿易課に属し，1979 (昭和 54) 年度に 8 年目にして再び商工部新産業観光課として課単位の観光担当が設置されるという変遷をたどっている。そして 1980 (昭和 55) 年度には商工部新観光課となった。埼玉県でも観光便覧が余暇便覧とほぼ名称のみが変更された。地方公共団体は，地方自治法の目的が住民の福祉の増進を図ることを基本とすることから，観光客への対応は地方行政が行うべきことではないといった考え方に基づくものであり，観光客が住民に，観光が余暇 (レクリエーション) 活動に単純に置き換えられたとも言える。

---

2) 事例先行の観光計画

　この時期，地域の観光計画策定において，必ずといってよいほどプランナーに要求されたことが事例の添付である。観光プランナーによる講演も事例を要求されるようになる。前出「観光計画の手法」において新たに"観光地の演出"が追加された。観光地の演出においては，観光資源等観光対象，観光体験をより魅力ある興

味深いものとするための，計画者のセンスや受け入れ側の心遣い等として述べている。このような机上の計画からはなかなか見いだしにくい，プランナーの経験では補いきれない詳細な地域の実践を知るために，他の地域の事例を求めるようになってきたとも言える。プランナー自身も地域の事例を知識として追い求めた時期でもあった。しかし，事例がそのまま計画らしく扱われるといった状況は，計画策定技術という専門性をないがしろにする状況をもたらしたとも言えよう。

3）観光地の管理

観光地づくりとともに計画の中で意識されてきたのは，観光地の「管理」という視点である。それまでの観光計画は新たな空間を造るということを中心としていたが，ある程度出来上がった観光地をいかに持続的かつ発展可能な形で維持・管理していくかという手法の必要性が生まれてきた。団体客中心から個人客主体へと需要が変化するなかで，管理されていない観光地に観光客が来る時代は終わり，いかにより良い状況を維持するために管理していくか重要となってきた。こうした観光地管理についての計画手法は，未だ確立されていないといってよいであろう。観光客の増加により，ゴミなどの環境悪化，観光客だけが目当ての人が集まるところならどこにでも店を構える事業者の参入，施設の乱立による景観の悪化など，単に観光客の増加や賑わいが観光地の発展とは言えない。後に世界遺産に認定された遺産資源・地域ですら，観光との共存・共生としての管理運営がなされているとは言い難いところもある。

これら観光地管理の発展型として，オルタナティブ・ツーリズムやサスティナブル・ツーリズムといった名称で持続可能な観光が叫ばれてきたが，理念の域を超えるにはまだ時間を要すると思われる。

（4）地域主導型観光計画期【1987（昭和62）年〜現在】

1987（昭和62）年，総合保養地域整備法（通称リゾート法）が施行された。同年，多極分散型国土の形成を理念とする第4次全国総合開発計画（四全総）が策定され，1988（昭和63）年には「自ら考え自ら行う地域づくり事業」（通称ふるさと創生事業／1億円事業）が実施された。また，同年，運輸省で「90年代観光振

興行動計画 (TAP 90's)」が実施された。地域の観光計画においても,「熊本県観光振興行動計画」(1989 (平成元) 年) など行動計画や "アクションプラン" と銘打って策定されるものが多く見受けられるようになる。これらはどちらかというとすぐに実施に移す事業計画のような内容のものや,次の実施体制が見える実現性を重視したものであった。TAP 90's においても観光関係各界の代表が 2 泊 3 日〜3 泊 4 日程度で現地を視察し,その結果を最終日に報告書にするといったもので,どちらかというと観光診断に似通った性格のものであった。

1) 日本型リゾート計画

リゾート法によって,多くの道府県でリゾート整備構想が策定された。一般的な観光計画と違って内需拡大のため民間企業の参入を意図したものであったため,地方行政の主管は企画系が担当した。このため,その多くが観光のコンサルタントではなく,商社やゼネコン,金融機関と組んだ総合研究所が策定作業を受託するケースが多かったことも特徴であった。また,基本的に日本にはリゾートという概念は希薄で,海外の有名リゾート地の空間や施設形態を持ち込んだ計画も少なくなかった。リゾート需要が顕在化するのではなく,リゾート開発側の思惑を背景とした一時的なブームであったとも言えよう。海外と我が国のリゾート需要のあり方が根本的に異なることから,リゾートライフが定着することはなかったが,スキー場からスキー・リゾート,山岳リゾートという空間利用の考え方の展開は,観光計画の幅を広げたものでもあった。

我が国でのリゾート開発に関しては,「日本型リゾート計画論」(社団法人日本観光協会,1989 (平成元) 年),「観光・リゾート計画論」(前田豪,1992 (平成 4) 年) など,観光とリゾートを同じ土俵で論じた "日本であるがゆえ" の計画手法が提案されている。

2) 地域主導の観光計画

リゾート法制定以来,大規模開発プロジェクトが国を中心とする行政と大手民間企業によって推進された一方で,地域側からの観光地振興の実践例が語られるようになってくる。

「観光地づくりの実践 1」「同 2」「同 3」(社団法人日本観光協会,1998・99 (平

成 10・11）年）では，計 63 項目のテーマ（地域）の地元実践者により成功（個人による考え方の違いもあるが）へのプロセスが語られている。いわゆる観光による地域おこしの先駆者ともいわれる人たちによるものである。この本は事例集の体ではあるが，観光計画論のように位置づけられていた。それを象徴するのが 2001（平成 13）年に社団法人日本観光協会が行っていた優秀観光地づくり賞の受賞地域の実践をベースにしてまとめた「観光地づくりの手法〜『優秀観光地づくり賞』受賞観光地に学ぶ〜」であろう。事例を「観光地づくりの手法」と呼んでいる。

3）体験型観光計画

この頃，これからの観光は「みる観光」から「する観光」へという言葉が通説化していく。「地域おこし型文化・観光施設整備計画・実態調査資料集」（綜合ユニコム株式会社，1994（平成 5）年）では，体験型という視点からテーマ別の計画論がまとめられている。

観光における地域おこしは，住民の関わりが強い体験観光が基本となっていたとも言える。体験型は地域住民と観光客との交流を深めるという効果もあり，観光における地域おこしにおいては格好の視点であると言えよう。ボランティアガイドが一気に増加したのもこの頃であり，「地域紹介観光ボランティアガイド運営活動マニュアル」（社団法人日本観光協会，1999（平成 11）年）が発刊されている。

（5）観光まちづくり・観光地域づくり計画期【2000（平成 12）年〜現在】

国の政策としては，外国人観光客増加のために 2003（平成 15）年ビジットジャパンキャンペーンが開始，2007（平成 19）年に観光立国基本計画が制定され，2008（平成 20 年）には観光庁が発足した。国内観光地の整備に関しては，同年，観光圏整備法が制定され，観光地の広域的な連携整備が始まる。2004（平成 16）年には，景観緑三法（景観法，景観法の施行に伴う関係法律の整備等に関する法律，都市緑地保全法等の一部を改正する法律）が制定された。

2004（平成 16）年から 2005（平成 17）年にかけて平成の大合併による市町村の行政区域の拡大により，新たな観光施策が模索される。また，2007（平成 19）年には第 3 種旅行業者の業務範囲が拡大して地域における企画旅行がしやすくな

り，地域主体の着地型旅行商品の造成・募集の促進が期待されるようになる。ハード整備の観光計画が影を潜め，代わりにニューツーリズムと相まった着地型旅行商品を前提にした観光計画が策定されるようになる。計画書の名称としては，「観光まちづくり」，「観光地域づくり」が主流となってくる。

1）観光まちづくり・観光地域づくり

2000（平成12）年に国土交通省により設置された観光まちづくり研究会の「観光まちづくりガイドブック」によると，「観光まちづくりとは，地域が主体となって，自然，文化，歴史，産業など，地域のあらゆる資源を生かすことによって，交流を振興し，活力あるまちを実現するための活動」とされ，一般的な観光開発との違いとして「これまでの一般的な観光開発では，集客力の向上や産業振興が優先されることが多く，地域の人々が大切にしている"地域らしさ"や定住環境への影響が考慮されることは少なかったと言えます。その結果，観光振興が進むにつれて，集客を重視する観光関係者と，地域の良さの継承や住まいの環境を重視する住民との対立が問題を招いているケースがしばしばみられます。……観光まちづくりは，地域が主体となって総合的なまちづくりとして観光振興に取組むことによって，資源，地域の定住環境，来訪者の満足度，それぞれの側面で問題が生じないようにバランスをとりつつ資源を活用し，地域全体の持続的な発展をめざす取組みということができます」としている。

地域主体を提唱する観光まちづくりは，"住んでよいまち" "訪れてよいまち" を合い言葉にされることが多い。2005（平成17）年の「従来型観光地の再生に向けて～地域主体の『住んでよし，訪れてよし』の観光地づくり」（国土交通省関東地方整備局・関東運輸局／財団法人日本交通公社）がその好例である。

2001（平成13）年，運輸省・建設省等が統合して国土交通省となった。観光を扱う運輸省と都市やまちづくりを扱う建設省にとって，都市観光や観光まちづくりは両者を結ぶ格好の言葉であったと言える。運輸省と建設省が協働して1999（平成11）年に設置した「都市観光を創る会」は，3カ年の活動を総括して2003（平成15）年に「都市観光でまちづくり」（学芸出版社）を発刊している。

現在では，観光庁の事業においては「観光地域づくり相談窓口」「観光地域づく

りプラットフォーム」「観光地域ブランド確立支援」「観光地域づくり事例集」など，具体的な事業においては"観光地域づくり"が通常使われるようになっている。優秀観光地づくり賞受賞地域の事例から導き出される手法を集大成した「これからの観光地域づくりのための手法」(社団法人日本観光協会，2003 (平成15) 年) は，「観光地域づくり」の名称での観光計画論と言える。

2) 観光計画の評価

地域の状況に合わせた優柔な観光計画が求められるなかで，「『観光基盤施設整備事業における事後評価マニュアル (仮称)』作成等事後評価手法確立のための調査事業」(国土交通省／社団法人日本観光協会，2003 (平成15) 年) が実施された。各省庁でそれぞれの事業毎に事後評価マニュアルが策定されたが，その内容は大きく異なる。観光における事後評価マニュアルは先に策定されていた港湾の事後評価マニュアルをベースに策定された。

策定された観光計画を長期にわたって監理し，その評価・見直しを実施するといった，いわゆるPDCA (Plan・Do・Check・Action) システムを導入した観光計画そのものが少ないのが現実である。しかしながら，近年では，多くの観光計画で評価の考え方が導入され始めている。

3) 地域実践者による観光地づくり

地域実践者の地位を決定づけたのは，内閣府，国土交通省，農林水産省により選任された「観光カリスマ百選」選定委員会により選定された観光カリスマの存在である。2002 (平成14) 年から2005 (平成17) 年かけて，観光振興に貢献するとともに今後の地域の人材育成の先達となる人々100人を「観光カリスマ」として認定した。選定された観光カリスマは，「観光カリスマ塾」などを通して観光による地域振興の実践を行うとともに，その後も各地の地域活動を支援している。地域実践プランナーの方法論は，一般の観光プランナーがもつ観光計画論とは異なり，特定の地域のテーマに限定された実践論と言えよう。他の地域への応用は，基本的にはそれを受けた側が考えることとなり，受ける側の能力が求められる。これをきっかけに，各省庁においても実践者個人を認定する制度が広まっていく。

4) ニューツーリズムとテーマ型旅行商品

ニューツーリズムという名称の台頭とともに，目的を絞り込んだ旅行商品による観光地の振興が進められ，国土交通省は2007（平成19）年に「ニューツーリズム創出・流通促進事業」を開始した。

ニューツーリズムは，ある意味体験型観光からの移行とも捉えられ，2003（平成15）年の「フラワーツーリズム」（社団法人日本観光協会）の後，産業観光とヘルスツーリズムなどニューツーリズムといわれる事例集が発刊されている。

5) これからの観光計画に向けた方向性

近年，観光地の観光施設や観光インフラの陳腐化が目立ち始めている。1970年代に整備されたものは間違いなく劣化が進み，物理的にはまだ使えるものの，機能的には陳腐化している施設が少なくない。道路や交通インフラの劣化や耐震性の問題などと同様，観光地のハードもそろそろリニューアルの時代を迎えていることは確かであろう。

近年，地域におけるマネジメント（エリアマネジメント）に対して注目が集まっている。ハードに加えてソフトも一体として上手に地域を運営・経営していくという考え方である。観光地においても同様であり，観光地を上手に運営・経営していくといった視点が重要となる。「観光地経営の視点と実践」（公益財団法人日本交通公社，丸善出版）が2013年に発刊されて以降，観光庁の施策にも"観光地経営の視点から……"と言った文言が使われはじめ，その推進主体として"日本版DMO"がクローズアップされている。こうしたことから「観光地経営計画」の策定も模索されはじめている。

(6) 変遷のまとめ

戦後70年の間に，観光計画ほど様々な名称で呼ばれてきた計画はないのではなかろうか。その根本は，常に社会の動向に観光と地域との関係が左右されるというところにある。しかし，観光の本質は，その時代時代に独創される言葉のように大きく変容しているのであろうか。"観光地"と"レクリエーション地"や"観光・レクリエーション地"，"観光地"と"リゾート"，"ニューツーリズム"と"既存観光地"

や"従来型観光地"、"みる観光"と"する観光"や"体験型観光"、"発地型観光"に"着地型観光"、"マス・ツーリズム"と"オルタナティブ・ツーリズム"や"サスティナブル・ツーリズム"。さらには、"観光"と"交流"、"サービス"と"ホスピタリティ"、"DMO"や"プラットフォーム"など様々な名称が飛び交う。観光計画だけにとどまらず、観光に関わるあらゆる単語があたかも観光の大きな潮流であるかのように"観光"と"まちづくり"の中に位置づけられてくる。

観光計画においては、"観光診断"、"観光開発"、"観光・レクリエーション計画"、"観光地づくり"、"観光・リゾート計画"、"観光まちづくり"、"観光地域づくり"などと計画書に付された名称の変容を繰り返してきた。しかし、計画論のみならず様々な観光に関わるこれらの名称の変容は、それぞれの時代における社会の要請に裏打ちされており、どれも見逃せない名称であるとも言える。観光計画論の確立においては、移り変わる計画論ではなく、それらを包括し技法化していく計画論の確立が必要とされている。

2. 観光計画の策定手法の変遷

(1) 観光計画の策定手法の形態

前章で戦後の観光計画の変遷について5つの年代区分と観光計画の特徴を示したが、策定手法についても年代区分によって特徴がある。この年代区分ごとの策定手法の特徴について、「診断型」「演繹型」「帰納型」「代替型」という4つの形態として捉えてみた。その特徴は、表1-2のように整理される。

〔戦後の観光計画の年代区分と策定手法の形態〕
- 1946(昭和21)年～1963(昭和38)年頃（復興観光計画始動期）
    → 「診断型」—現地調査が基本
- 1964(昭和39)年～1975(昭和50)年（観光・レクリエーション施設計画主導期）
    → 「演繹型」—理論的な計画手法の当てはめ
- 1976(昭和51)年～現在（事例発展型観光計画期）

表 1-2 観光計画の策定手法の形態とその特徴

形態	手法の基本	特徴
診断型	現地調査により観光地としての魅力・課題等を評価(診断)する。	専門家(診断実施者)による現地調査を基本に，専門家の評価(診断)により計画の内容を決めていく手法。主に，地域において新たなに観光を振興する場合に，地域の実態に即した現実的な計画の提案を行う。
演繹型	空間と利用の基礎的分析に基づく理論的な計画手法を当てはめる(演繹)。	空間と利用に関する理論を習得した専門家(観光プランナー)により計画の内容を決めていく手法。主に観光・レクリエーション施設等の受け皿の新設または拡充に関して，理論に基づいて提案を行う。一つの計画策定の実践が，新たな理論の確立に繋がった。
帰納型	実現性を重要視し，実践事例を参考にして方策を積み上げる(帰納)。	実現性を重視して，全国の多様な実践事例を地域へ応用し，個別方策から計画を積み上げる手法。必ずしも計画策定の専門家を必要とせず，むしろ，地域の実践者の参画を重視する。また，事例の多様性から，観光以外の分野とも結び付く。
代替型	観光以外の分野も含めた多様な地域振興に観光の理論や考え方を応用する(地域振興の代替)。	多様な地域振興に観光を活用する観点から観光以外の分野へ観光の理論や考え方を応用し，観光を中心とした「地域づくり」「まちづくり」の計画として策定する手法。他分野との関わりを重視することで，ニューツーリズムや着地型旅行など新しい観光が発生している。

- 1987(昭和62)年～現在（地域主導型観光計画期）
    → 「帰納型」―事例を参考に実現性を重視した方策を積み上げ
- 2000(平成12)年～現在（観光まちづくり・観光地域づくり計画期）
    → 「代替型」―地域の多様な観点から観光をみる
 ＊ この年代区分と手法の形態との対応は各年代区分の特徴として位置付けたものであり，当然，一つの年代に一つの手法の形態しかなかったというものではない。

戦後間もない頃，地域における初めての観光振興のために「診断型」の手法で観光計画が策定された。経済成長とともに観光需要が増大して受け皿の拡充が必要となり，施設整備を中心に理論的な手法を適用した「演繹型」の計画策定となった。その後の計画策定は，実現性を重視して"実践事例"を求めた「帰納型」が多くなり，さらに，多様な地域振興に観光を活用する「代替型」の手法が生まれ，これらは現在も続いている。

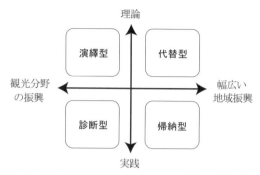

図1-3 観光計画の策定手法の4つの形態の位置づけ

以上の策定手法の形態を「実践―理論」という軸と「観光分野の振興―幅広い地域振興」という軸でみると，各形態が4つの象限に分かれて位置づけられることが示される（図1-3）。戦後70年を経てこの4つの形態を経験してきたものであるが，今後の観光計画の策定においては，地域の状況に応じてこれらを上手く調和させていくものとなろう。

（2）策定手法の形態別の特徴

さらに4つの形態について以下に詳述する。

1）診断型

観光診断について，社団法人日本観光協会発行の「観光事典」には以下のような内容が掲載されている。この解説にもあるように，診断型の策定手法の特徴は現地調査を重視することにあり，これに基づいて地域資源を把握・評価し助言・提言を行った。これらの作業を観光の専門家の能力・判断に委ねたことも特徴である。

〔診断型の特徴〕

- ◆ 現地調査の徹底
- ◆ 地域資源の把握・評価
- ◆ 専門家の直感的・経験的な能力・判断による助言・提言

鶴岡市観光診断報告書の"はじめに"で「全日本観光連盟が昭和32年10月2日より10月5日まで，4日間にわたって行った"鶴岡市観光診断"の結果を取りま

とめたものである」と書かれているように，観光診断とは主に現地調査のことを指している。現地調査は市町村単位で 3 から 4 日をかけて行うことが多かった。

　当初は，現地調査は観光関係者の中で権威のある人が実施することが多く，基本的には委託側はその結果を素直に受け取るという形となった。患者が医師に診断をされ健康診断書を受け取り納得するのと同様であった。診断という言葉が使われなくなってきたのは，診断はどこが悪いか指摘し処方箋を書いて終わりではないか，という考えからである。しかし，その反面，計画策定で重要な作業の一つである地域を診断する（現地を調査する）ところに時間や労力を割くことが減少していったことも否めない。

「観光事典」における観光診断の解説
　医師が患者を診察するように，一般の物事の欠陥の有無を調べて判断することが診断で，これを観光地に当てはめたものを観光診断という。
　1955（昭和30）年前後に日本観光協会の前身の全日本観光連盟が使い始めたもので，観光地の現状をいろいろな面から調査分析し，問題点や課題を明らかにしてその対策を提案することを指している。
　調査分析の項目は観光資源性，観光市場性，観光客入込状況，他産業との関連，情報・宣伝，接遇等，あらゆる側面から行われる。
　医師の場合は診断にもとづいて処方が行われることから，観光地の調査・分析までを指し，観光地の課題に対する対策提案を含めない場合もある。
　　　　　　　　　　　　　　　——『観光事典』社団法人日本観光協会（1995 年）より

2）演繹型

　演繹型の策定手法は理論を現場に当てはめることを基本とし，主に空間や施設に関する原単位（例：観光者 1 人当たりの必要面積等）や計量的手法などの「手法論」が具体的な整備計画に応用されていった。この手法による計画策定は，理論を学んだ専門家＝「観光プランナー」と呼ばれる人達が担っていた。

〔演繹型の特徴〕
- ◆ 観光論（観光の基礎理論）や観光の理念を重視，観光用語の統一
- ◆ 基礎調査において観光関連原単位，観光地評価手法等を活用

表1-3 「観光開発計画の手法」(1969(昭和44)年) 及び「観光計画の手法」
(1976(昭和51)年) の執筆者の所属組織分類の人数・構成比

所属組織分類	観光開発計画の手法(1969年)		観光計画の手法(1976年)		執筆者数合計(人)	構成比
	執筆者数(人)	備考	執筆者数(人)	備考		
観光系コンサルタント	10	JTBF*を含む	11		21	30%
大学関係	7		7		14	20%
運輸省	1		0		1	1%
厚生省・環境庁	6	厚生省	7	環境庁	13	18%
その他国の機関	2	宮内庁,文化庁	1	国土庁	3	4%
地方公共団体	1	東京都	2	兵庫県,大宮市	3	4%
民間企業・団体	3		3		6	8%
(社)日本観光協会	3		7		10	14%
計	33		38		71	100%

＊JTBF＝財団法人日本交通公社　※官庁・自治体等の名称は当時のもの

◆ 空間計画手法を用いた土地利用計画，施設整備計画等を提案

演繹型の策定手法が多く採用されたのは，観光計画や観光関連調査についての基礎的な理論武装が行われた時期であり，観光施設や活動の原単位，観光地の客観的評価，観光関連統計などについての調査・研究が行われた。そしてその結果が計画に生かされた。特に，各種レクリエーション施設の整備が進むことにより，これらを体系化・評価・活用する観点から演繹型の策定手法による観光計画論が台頭した。

社団法人日本観光協会の発行による「観光開発計画の手法」(1969(昭和44)年) 及び「観光計画の手法」(1976(昭和51)年) の執筆者の所属において自然公園系（環境庁等）が多いことからも，野外レクリエーション活動が観光計画の中核的な位置を占めていたことがわかる（表1-3）。また，当時の観光計画では，トイレや給排水など詳細な施設計画を策定していた。積極的な空間の観光利用が推進されていた時期でもあり，基礎的な研究はそのためには不可欠であったと言えよう（表1-4）。

3) 帰納型

帰納型の策定手法は他地域において実践された事例を重視して計画を組み立てるもので，観光地の事例だけでなく観光以外の分野での事例も対象とする。策定

表1-4 「観光開発計画の手法」及び「観光計画の手法」の内容の比較

観光開発計画の手法1969(昭和44)年	観光計画の手法1976(昭和51)年
Ⅰ 観光開発計画の基礎知識 Ⅱ 観光開発の概念と内容 Ⅲ 観光需要の現状と展望 Ⅳ 観光開発実施上の問題点	第1章 観光と観光計画 観光計画の基礎 　　　　　　　　　　　　観光の概念 　　　　　観光計画の実際 観光地の演出 観光地の管理
Ⅴ 観光地開発計画の手法 　温泉地　　　　　　高原観光地　マリン・パーク 　河岸沿いの観光地　遺跡公園 　別荘地	第2章 地区別観光計画 　温泉地区観光計画　　　高原地区観光計画 　海浜地区観光計画　　　河川・湖沼地区観光計画 　歴史的環境保存計画
Ⅵ 施設別開発計画の手法 　サイクリング施設 スキー場 給排水施設 ゴミ処理施設 　展望園地 ピクニック園地 駐車場 公衆便所 マリーナ 　海中公園 キャンプ場 海水浴場 歩道と案内・解説施設 　リフト ロープ・ウェイ 登山施設 植物園 　バス・ターミナル 遊覧港 ユース・ホステル	第3章 施設別計画 　サイクリング施設 スキー場 給排水施設 ゴミ処理施設 　展望園地 ピクニック園地 駐車場 公衆便所 マリーナ 　海中公園 キャンプ場 海水浴場 自然歩道
	リゾート・ランド ピクニック・ランド こどもの国 森林公園 自然観察園 遺跡公園 郷土資料館 オリエンテーリング トリム・パーク 国民宿舎 観光標識 沿道修景
Ⅶ 観光統計のとり方 Ⅷ 主要施設の経営指標と事業計画 　ホテル 旅館 国民宿舎 ロープウェイとスキーリフト	付 主な観光者統計の概要 付 観光施設の原単位 付 廃棄物処理関連法規

された観光計画は，地域の独自性が低下する傾向にある。

〔帰納型の特徴〕

◆ 事例の応用・適用 ─┬─ 観光地の実践事例
　　　　　　　　　　└─ 人材・組織の活動事例

◆ 相対的評価による計画内容

　この手法で難しいのは，事例の普遍性であろう。事例が直接に他地域へ応用されることは難しく，"成功事例は役に立たない"となり，地域の要望は"失敗事例を知りたい"に変わり，転ばぬ先の杖を求めることとなる。

　一方で，帰納型の策定手法は，観光プランナーの位置づけに変化をもたらした。帰納型で期待されるものは，一つ目は地域での実践，二つ目はどれだけ多くの事例を知っているか，そして三つ目は地元での実践者とつながりがあるかどうか，ということである。観光プランナーの役割は，観光計画論の普遍的な技法の構築と地域への適用から，多くの地域における実践活動に精通しそれを他地域に当てはめる知識と知恵を発揮するところに変わっていった。

観光プランナーの位置づけが変わってくるとともに，地元実践者の観光プランナー的役割が拡大した。地元実践者の方法論には共通点があり明快である。その共通点を段階的にみると，第1段階として地域の資源に目をつける。第2段階として，その資源の価値づけを行い人が集まるだけの魅力ある観光資源として顕在化を図る。今までの現場体験による経験と知恵，そして周囲との連携により創造された観光資源（観光対象）である。そして第3段階として観光資源に経済的なシステムを構築し，観光商品化を図る。

　さらに，この時期における計画策定の大きな変化として，委員会が恒常的になってきたことが挙げられる。その影響は，現地調査の時間が委員会に割かれてしまい，委員会のための計画策定といった様相を呈し，さらには，多くの人の納得を得る裏付けのためのアンケート調査が多く実施されるようになってきたことなどである。行政における観光計画策定においては，一つの計画策定のために3～5回程度の委員会を行う。委員会の多くは，地元における様々な立場の人から意見を聴取し，委員長という専門家の名のもとに集約するために行われる。そしてその多くは，観光計画論における課題解決のための技法というより，様々な意見をいかに集約しまとめあげるかの技法が求められる。

4）代替型

　代替型の策定手法は，地域の様々な資源に目を向けて従来とは異なる新しい観光的魅力を生み出すことや，観光以外の部門について観光による活性化をもたらすことを目指すことに特徴がある。地域全体の振興への取組みである「地域づくり」あるいは「まちづくり」と一体となり，観光計画が各部門の「代替」として策定されたとみることができる。

　〔代替型の特徴〕
- ◆ 特定需要（特定の市場）への対応
- ◆ 多様な産業と観光の連携
- ◆ 多様な地域資源を活用した観光の展開

　「代替」の意図するところは，「観光地域づくり」という言葉にみることができる。観光による地域づくり・地域振興を目的とし，観光という手法により他の目的を達

成しようというものであり、ひいてはそれが新たな観光振興ともなるという視点である。ニューツーリズムと言われるグリーンツーリズムやエコツーリズムが、農業振興のために観光を導入し、自然保護・保全のために観光を導入するなど、観光を手段として本来の目的を達成しようとするのと類似する。ニューツーリズムの地域における実践の一つとして着地型旅行商品が台頭してくるが、既存地域資源の発掘・活用といった視点が強い割には、観光地の空間計画との結びつきは薄いと言える。

なお、観光振興の目的が多様化することにより、用語の混乱が起こる。その一つとして、例えば報告書の中で"観光地域づくり"と"観光地域"という言葉が同時に使われていることがあるが、この二つの"観光地域"の意味は全く異なっており、その意味を理解した上で使う必要がある。「観光地域づくり」という言葉は、旧・(社)日本観光協会が「観光まちづくり」に対して使い始めたものであるが、先に述べたとおり"観光地域づくり"は"観光という手法を用いた地域づくり"であり、観光振興の一手法を意図するものである。"観光地域"と言い切って使用すると観光地もしくはある程度広域的な観光地を意味し、併用して使うことにより"観光地域づくり"は単に観光地域をつくるということになってしまう。「観光まちづくり」も、観光によるまちづくりとの解釈もあるが、「住んで良し、訪れて良し」といった理念からすると、図1-4に示すように、観光地づくりとまちづくりは並列であり、その共存・共生という概念としてとらえられ、それゆえ今までとは全く異なった手法論を必

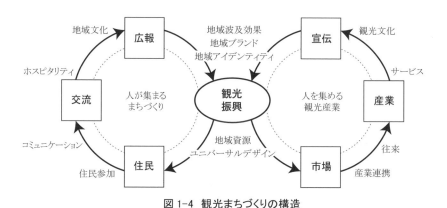

図1-4 観光まちづくりの構造

要とするであろう。

参考文献：

東京農業大学造園学科編（1970）:『現代造園用語事典』彰国社.
高橋進先生出版記念会編（1982）:「高橋進先生最終講義録」, p.9-10.
奈良繁雄（1995）:『観光事典』社団法人日本観光協会.
観光事業研究会編（1961）:『観光事典』.
観光まちづくり研究会編, 野村総合研究所企画調査（2000）:「観光まちづくりガイドブック」アジア太平洋観光交流センター, p.5.

第2章　観光計画の概念と構造

1．観光計画の概念

　本章では，観光計画がどのような概念のものであるかについて，従来からの基本要素とともに，近年の新しい動きや，今後，特に重要となると考えられる観点を取り入れて基本事項を示した。

(1) 観光計画とは
　本書で考える観光計画とは，「序」に示すように，「地域における望ましい観光のあり方及びその実現」に関する計画である。我が国で策定されている以下のような種類の計画が，この観光計画の概念に含まれる計画である（表2-1）。
　① 国全体の観光振興計画（観光立国推進基本計画）※国を地域の延長とみなす
　② 地方の観光振興計画（地方圏レベルの観光振興計画，自然公園計画等）
　③ 都道府県の観光振興計画（都道府県行政の観光部門の総合的計画）
　④ 広域の観光振興計画（複数市町村の観光部門の共同による計画）
　⑤ 市町村の観光振興計画（市町村行政の観光部門の総合的計画）
　⑥ 特定の観光地の振興計画（新規開発計画，再開発計画，活性化計画等）
　⑦ 特定の観光施設の整備計画（新規整理計画，維持更新計画，再整備計画等）
　⑧ 観光の個別部門の活性化計画（宿泊施設経営改善計画，人材育成計画等）
　＊これらの計画の策定には，行政の観光部門のほか，行政の他部門（文化財，公共施設等），関連団体，事業者等が加わる場合が多い。また，観光以外の部門が中心となって策定する計画も含まれる。

地域の計画としては、商店街活性化計画、文化施設整備計画、鉄道駅周辺整備計画など、直接・間接に観光振興に寄与する計画は多いが、観光以外の部門が中心となる場合は観光計画とは呼ばれず、補完関係にある計画として位置付けられる。ただし、観光部門からみて、観光の比重が高い場合は観光計画に含めても差し支えなく、明確に区別されるものではない。

表 2-1　観光計画の事例

区分(対象地域)	計画事例	内容・特徴
国	観光立国推進基本計画(平成29〜32年度)	政府が総合的かつ計画的に講ずべき施策について示す。国際観光の振興(外国人観光客の増加)に重点が置かれている。
地方	瀬戸内海観光開発の構想計画〔1967〕 中国・瀬戸内歴史の路整備計画〔1991〕 東北観光基本計画(国土交通省東北運輸局)〔2013〕	複数の都府県に跨って分布する観光資源の保全・利用計画、または地方圏レベルの観光ルート・コース等の計画等。国土計画(全国総合開発計画、国土形成計画)を意識したものも多い。
都道府県	東京都観光産業振興プラン〜世界の観光ブランド都市・東京をめざして〜〔2013〕 長野県観光振興基本計画〔2013〕	都道府県の観光施策を計画的かつ戦略的に推進するために策定される計画。多くの場合、都道府県内のエリア別の方針や施策も示される。
広域 (複数市町村)	山梨県における富士山エリア、八ヶ岳エリア、峡軟エリア等別観光振興計画 瀬戸内しまなみ海道地域観光圏整備計画〔2010〕	各都道府県のエリア別の観光関連施策を調整し、計画的に推進するために策定される計画。 あるいは観光圏整備法に基づく観光圏整備計画等。
市町村	安曇野市観光振興ビジョン(はじめよう『安曇野暮らしツーリズム』)〔2013〕 富士河口湖町観光立町推進基本計画(住民一人一人が楽しく参加する観光まちづくりプラン)〔2009〕	観光スタイルを明確にしながら市町村の観光施策を計画的かつ戦略的に推進するために策定される計画。近年は観光まちづくり計画として策定される傾向にある。
観光地	阿寒湖温泉活性化基本計画〔2000〜2001〕 群馬県川場村区民健康村計画〔1980頃〜〕	観光資源と観光施設が集積する観光地や交流エリアの整備計画。近年は、まちづくりや組織強化を重視した、再興・再生計画として策定される傾向にある。
観光地区・地点 (観光地の一部)	奥日光中宮祠地区活性化基本計画〔1990〕 小名浜港1・2号ふ頭地区観光基本計画(緑地計画)〔1997〕	観光地の拠点地区、拠点施設等の整備計画。ハード(施設)整備だけでなく、景観やソフト(イベント)等をテーマとすることもある。サイト計画と称される。
その他	○○地区サイン計画 ○○地区水陸両用車導入計画	観光に関わるイベント・プロモーション、誘導・サイン、交通システムの個別部門計画。

（2）観光計画の性格

観光計画は，以下の5つの基本的な性格を有するものである。

1）地域の観光の総体を扱う計画

観光計画は「地域で策定され運用される観光分野の計画」であることを基本とし，観光者を迎える地域の立場から，観光の総体を扱った計画である。観光の総体とは，観光者，観光地，観光関連産業，観光事業者，地域住民，自然環境，歴史・文化環境，観光関連行政，関連法制度等の観光に関わる様々な事柄の全体である（図2-1）。観光計画では，原則として，これらの全体を検討する必要がある。ただし，実際の計画策定では，他分野の既定計画や法規制等（自然保護，文化財保護，土地利用，基盤整備等々）を与件（連携する計画，制約条件等）とし，新規の検討は行わない場合もある。

観光は，観光者，観光事業者，地域住民，行政など，異なる立場の人々が関わって成立しており，それぞれの立場を尊重し調和した関係が保たれるよう，関係者を総合的に扱うことも観光計画の重要な性格である。

2）公益性を有する計画

地域における観光は，地域の自然・歴史・文化を中心的な観光資源として，観光

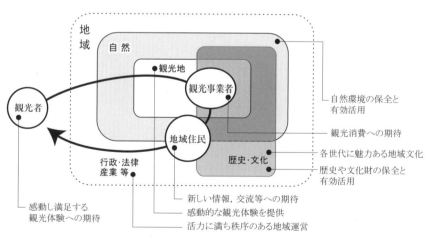

図2-1 地域の観光の総体（観光に関連する様々な要素）の例示

者に感動する体験を提供するものである。このような観光を振興する観光計画には，以下の観点の公益性が不可欠である。

- 地域の共有財産である観光資源の保全と活用を基本とし，地域の自然や歴史・文化の貴重な財産である観光資源（失ったら再生できないもの）を関係者全員で大切に保全し，末永く安定した観光を持続する。
- 観光者が感動する観光体験を提供することを第一義とし，その対価として経済的効果がもたらされ，人や文化の交流から地域住民の生きがいが向上するなど，多くの地域住民が観光の恩恵を受けることができる。
- 特定の事業者が観光者を囲い込むことで利益を搾取するようなことはなく，全ての観光事業者が各自の工夫でサービスを提供し公平に収益が得られる。

3) 継続性と持続性を有する計画

　地域の観光振興は，長期にわたり魅力向上を図っていく継続的な努力が必要であるが，担い手である行政の担当者や民間事業者が交代しても，観光計画によって考え方や取り組みが引き継がれていく。観光計画の基本部分は，社会経済状況が変化しても十分に通用するものであり，長期にわたって関係者の指針となるよう継続性と持続性を有するものである。

4) 関係性と創造性を有する計画

　地域の観光振興は，経済や生活・文化の多方面に波及効果をもたらす。このため，観光計画は，観光産業だけでなく他の多くの産業を観光と結びつけ，また，住民の生活や文化の様々な活動を観光に取り込むなど，地域の様々な要素の関係性を深め，かつ，新たなものを生み出す創造性を有するものである。

5) 複数の関係者が協同で取り組む計画

　観光計画の策定・実現には，関連事業者，地域住民，行政など，地域の様々な関係者が参加し，協同で取り組むことが不可欠である。このような複数の関係者が「自分たちの地域の望ましい観光を実現する」という同じ目標に向かって協同で取り組むことが観光計画の基本的な性格の一つである。

(3) 観光計画の目的

　地域振興の観点からみると観光計画の究極の目的は"地域の活性化や文化・福祉の向上"とも考えられるが，観光部門から地域をみた場合には「望ましい観光の実現」が観光計画の基本的な目的と言える。望ましい将来の観光を実現するということは，観光者を迎える場（ハード＋ソフト）を実現すると同時に，望ましい観光を実現するための人材，組織，仕組み（運営システム等）等についても充実していくことが観光計画の目的となる。

　観光計画の目的とは"何のための計画か"を示すものであり，計画策定や方策の実施に関係者が参画するうえでの大前提となる。観光計画は観光に対して立場の異なる人々が参加する計画であるため，関係者の全員が目的を確認して合意することは非常に重要である（図2-2）。

1）地域における望ましい観光の場づくり（ハード＋ソフト）

① 観光者への豊かな観光体験の提供

　観光者が感動し満足する豊かな観光体験を提供する地域を創造することが，全ての観光計画に共通する基本的な目的である。

　個々の地域においては，観光者へ豊かな観光体験を提供する方法は様々であり，それぞれの資源性と市場性の条件のもとで地域独自の望ましい観光を実現することを目的とすることが重要である。

　従来は，経済効果や地域活性化を前面に掲げる計画が多くみられたが，経済的側面に偏重することなく，観光者が十分に満足した対価として経済的効果が期待されることを十分に認識する必要がある。

② 地域における観光の新規成立と持続・発展

　　i．新たな観光の成立と観光地化

　新たな観光を創造しようとする地域では，観光を成立させ，継続的に観光者が訪れる持続的な観光地化を実現することが観光計画の目的となる。

　観光は観光者が地域を訪れることで成立し，観光者が感動し満足することによって地域は観光の目的地として認知され観光地となる。観光地として魅力が充実していくことで観光者の来訪が継続する。このような成立過程を考慮したうえで，望ま

しい観光地を実現するための観光計画とする必要がある。

多くの観光地が存在する今日においては，競争が厳しく，他にない（これまでに無かった）新しい感動をもたらすものが求められるため，人々のニーズを見極め，的確に対応した条件整備を行うことが観光計画の重要な目的となる。

　　ii.　既存の観光の持続・発展

既に多くの観光者が訪れている観光地においては，既存の観光を維持するための努力が求められ，観光関連施設の維持・更新やサービスの充実等が必要である。このような観光地の維持・更新，リニューアルは全国の観光地の切実な課題となっており，昨今の観光計画の重要な目的である。

多くの観光地では，中心となる観光資源，観光関連施設，観光関連サービス，地域環境等について観光者の視点から見直しを行い，観光資源の適切な保全とともに，施設・環境等の再整備，人材の育成やサービスの見直し・改善等が必要になる。このとき，単に維持・更新を行うのではなく，将来の観光者のニーズも見据えて（ニーズを生む／顕在化させる）「新たな観光地」を創造するといった観点が重要であり，今後の観光計画の重要な目的となる。

③ 成熟社会における国づくりの一環として

野外スポーツやレジャーに慣れ親しんだ戦後生まれの世代が高齢期に入り，今後の高齢者の余暇活動は一層活動的なものになると思われる。一方で，情報化が進んだ今日，未知のものに憧れる好奇心などは変質し，また，インターネットの情報による「疑似体験」で満足し，現場に向かう行動＝旅行には発展しない状況が見受けられる。

このような時代だからこそ，観光の役割がより重要になると考えられる。成熟社会の課題に対応した"新たな役割をもつ観光の実現"を目指すことが求められ，今後の観光計画の重要な目的となる。

高齢者の生きがいを具現化する観光，若者が肌で感動する観光など，成熟社会の課題に対応した新しいタイプの観光が求められ，今後の観光計画ではそれらに対応した観光地を創造することが重要な目的である。

2）地域の望ましい観光を実現する仕組みづくり
① 地域の観光に携わる人と組織の育成

　地域の観光は人と組織によって機能するものであり，望ましい観光が実現するためには，地域の観光に携わる人と組織の充実が不可欠であり，観光計画の重要な目的となる。従来の観光計画では「推進体制」として充実の必要性を示すだけの計画が多かったが，今後は，"人・組織"＝"望ましい観光を実現する原動力"という観点から，重要な目的に位置づける必要がある。

　長期にわたって望ましい観光地を創造する努力を続けていくためには，地域を適切に運営していく人と組織が不可欠であり，人と組織が充実していれば観光を取り巻く状況が変化してもそれに対応することができ，新しい時代を切り拓いていくことができる。そのような人と組織の充実を観光計画の目的として掲げることが重要である。

② 地域の観光を運営する仕組みの構築

　人と組織と同様に，地域の観光を運営する仕組みについても，今後の観光計画においては重要な目的とする必要がある。この仕組みは以下のものが例示されるが，"地域の関係者が一体となって観光運営に取り組む―その仕組みを持つ"ということが観光計画の目的と言える。

- 地域の観光資源を保全・育成し，適切に活用する仕組み
- 地域の観光に携わる人々が議論し対策を検討する仕組み
- 観光者の評価を観光施設・サービスに反映する仕組み
- 観光に携わる地域の人材を発掘・登用する仕組み
- 上記を総合し，地域の観光を経営する仕組み　等

　図 2-2 に示すように，従来の観光計画では，施設整備やイベント実施など特定の事業の実現を実質的な目的としたものが多く，実施後の評価を含めた観光地運営については検討が不十分であった。将来の変化を予測することは困難であり，施設整備やソフト事業は不確実な需要想定のもとに推進されてしまう。その時に必要なものは，進められている事業を軌道修正し，新たな展開を生み出す仕組みである。その仕組みを持った観光地とすることが今後の観光計画の重要な目的である。

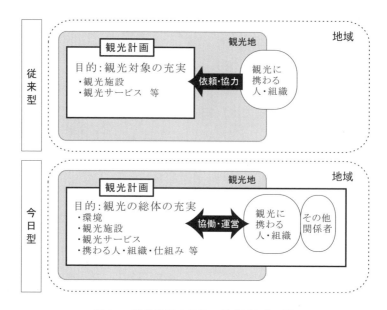

図 2-2 観光計画の目的—従来型と今日型

(4) 観光計画の基本要素
1) 観光計画の検討範囲

　観光は，観光者が地域を訪れることで成立する。このとき，地域までの移動手段があり，地域には観光者を引き付けることができる内容を持った観光対象があることが条件となる。さらに，多くの観光者が楽しめる観光体験や滞在・滞留の機能（施設やサービス等）が必要である。こうした観光者が地域を訪れて様々な体験を行うまでの各種条件に関することが，観光計画の主な検討範囲である。ここには，地域環境など観光を支える条件も含まれる。

　観光者の志向やニーズなどの市場の状況や，市場と地域を結ぶ移動手段の状況なども地域の観光にとって重要な条件である。ただし，これら地域外の条件に関しては与件または要望対象（直接には対処できない条件であるため関係機関等へ要望するなど）として扱うことが多く，地域の観光計画の中では具体的な方策を検討しない場合もある。

2）観光計画に関わる人・組織

　観光計画には地域の行政と民間の人・組織が関わり，計画の策定と実施及び評価においてそれぞれの役割を担う。観光計画への関わり方は，計画の策定と実施・評価に大別され，公共・民間のそれぞれの立場から役割を分担する。

　観光計画には立場の異なる人・組織が関わるために，最終的な合意を形成するまでには，様々な局面での調整（受益者が異なる事業の選択，実施の順序，実施する場所，費用の分担等）が必要である。一方で，観光計画を通して新たな協力・連携が生まれ，地域の観光の魅力向上に貢献する場合も多い。

①観光計画に関わる人・組織

　行政・民間等の区分でみた主な人・組織は，以下のようである。

- 行政：国，単一の自治体（市町村，都道府県），複数の自治体
  ＊観光部局（観光課等），関連他部局（産業課，建設課等），関連機関
- 行政・民間の複合体：委員会，協議会（一時的な組織）等
- 民間事業者：観光関連事業者，業種別の事業者の団体　等
- 地域住民（観光業の従業員は事業者に含めることがある）
- 外部からの支援者：有識者，計画技術者　等

②観光計画への関わり方

　策定と実施・評価における主な関わり方は，以下のようである。

ア．計画の策定
- 策定主体として策定から実施まで中心的役割を担う。全体責任を負う。
- 計画の内容を協議し合意に関わる。
- 専門家として策定作業の技術的支援を行う。等

イ．計画の実施・評価
- 行政または民間の事業主体として計画を実施する。
- 実施された事業の結果を評価する。等

3）観光計画のプランとプランニング

　観光計画の重要な要素として，策定作業を取りまとめた結果としての「プラン」（計画書または個々の計画）と，策定・推進・評価等の作業やそのプロセスである「プ

ランニング」がある。

①プラン（計画書／個々の計画）

　プランは，関連する方策を体系化して取りまとめたもので（個々の方策を指す場合もある），実現化に関わる人・組織の一定期間の取り組みを定めたものである。策定主体が行政の場合には，プランは「計画書」として具象化されるとともに，関係者の合意のもとに公の約束事として公表される。この計画書には地域の観光の全体像と方策が示され，行政の観光部門が実施する方策（行政事業）のほか，行政の他部門の関連方策（行政事業），地域の観光関連事業者や地域住民が中心となって実施する方策（民間の独自事業，行政の補助事業等）などが盛り込まれる。

　増加する観光需要に応える時代（高度経済成長期）の観光計画は観光施設の整備を中心とするものが多かったが，その後の観光計画ではソフト対策が主要部分を占めるようになった。近年の観光計画では，短期間に実現可能な方策が中心で，理想より現実を大切にする傾向にあると言える。

②プランニング（計画策定作業及び計画推進）

　観光計画のプランニングには，一つの計画を策定するプロセスとしてのプランニングと，計画の策定―実施（監視）―評価―次期計画という一連のサイクルを繰り返すプランニングがある。

　前者の基本的なプロセスは，課題認識―調査・資源評価―企画・構想―計画・組立―調整・合意形成などである。一般にプランニングとはこのプロセスによる策定作業を指すことが多く，本書では単に「プランニング」と表記した場合はこの意味とする。後者は，20年あるいは30年以上の長期にわたるプランニングであり，3年間程度の短期計画を繰り返すローリング（毎年の見直しを含む）や，5年間程度の中期計画の策定・見直しを繰り返すものが広く行われている。これらは，自治体の振興計画（総合計画）と同様の体系である。

　観光需要が増加していた時代の観光計画では，施設計画に専門的知識・技術が必要であったこともあり，外部の専門家（大学関係者，コンサルタント等）が実質的なプランニングを行っていた。近年は，地域づくりの観点が重視されることもあって地元関係者（事業者，住民，行政等）がプランニングの中心的な役割を担い，ま

た，ソフト対策が中心であるため専門家として各種のソフト事業者（イベント開催，情報処理等）が加わっている。

（5）観光計画の地域における位置づけ
1）地域の行政（自治体）における位置づけ

策定主体が行政の場合の観光計画は，一般的には，観光部局（観光課等）が担当する計画として位置づけられ，形式的には他の部局が所管する計画（道路計画，農村計画，福祉計画等）と並列になる。内容には観光部局以外が担当する方策も含まれることが多く，観光からみた「総合計画」と言える（図2-3）。

なお，観光部局以外が担当する計画であっても，観光の比重が高い場合には観光計画と呼んで差支えない場合もあり，厳密に区分されるものではない。

自治体が策定する観光計画は，自治体の振興計画（総合計画）と同様に，基本構想─基本計画─実施計画の段階ごとに策定されることが一般的で，近年は進行管理を明示化した「アクションプラン」の名称もみられる。

一般的に観光計画を策定する自治体（市町村，都道府県）では，観光の重要性は高く地域の主要政策に位置づけられ，観光計画も重要視される。しかし，自治体の観光計画は法律により策定を義務付けられた計画ではなく，関連法規により規定された計画（国土利用計画，都市計画等）でもない。このため，行政内での位置づけは明確ではなく，首長等の意向に影響を受けることが多い。

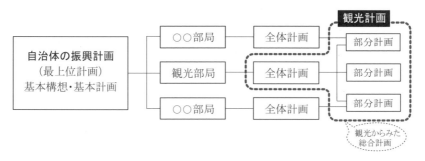

図2-3　自治体の中での観光計画の位置づけ

近年，観光振興に関わる法整備が進み，表2-2に示すような法規に直接関連した計画が策定されつつある。これらも観光計画に含まれるが，現時点では目的を限定した計画であり，本書で示す総合的な計画とはなっていない。今後，こうした法規に裏付けられた総合的な観光計画が増加することが期待される。

表 2-2 観光関連の法規に基づく計画の例

法規等	計画	策定事項等
外国人観光旅客の旅行の容易化等の促進による国際観光の振興に関する法律	外客来訪促進計画 ＊都道府県が単独または共同で策定 ＊国際観光テーマ地区をベースに16地区	○外客来訪促進地域の区域 ○宿泊拠点地区の区域 ○観光経路（観光ルート） ○外国人観光客に対する案内施設の整備の方針（ⅴ案内所等） ○外客来訪促進計画の海外における宣伝の方針，その他外客来訪促進地域への外国人観光客の来訪の促進に関する事項（宣伝，案内標識，計画推進体制など）
観光圏の整備による観光旅客の来訪及び滞在の促進に関する法律（観光圏整備法）	観光圏整備計画 ＊市町村または都道府県が策定 （策定事項は右記） 観光圏整備実施計画 ＊協議会（事業者の共同体）が策定 ＊観光圏整備事業を実施するための計画として認定を受ける。 （2013・14・15年度の認定は13地区）	○基本的事項 ① 観光圏の区域　② 滞在促進地区の区域 ③ 観光圏整備事業の実施体制 ④ 観光圏整備計画の目標 ⑤ 計画期間等　⑥住民参加の方法等 ○観光圏の整備による観光旅客の来訪及び滞在の促進に関する基本的な方針 ○観光圏整備事業の概要 ①主たる滞在促進地区を起点とする滞在プログラム企画促進，魅力向上等事業 ②主たる滞在促進地区における事業 ③交流地区等における滞在・回遊促進事業 等
広域観光周遊ルート形成促進事業制度	広域観光周遊ルート形成計画 ＊協議会等（関係者が連携した事業実施体制）により策定 ＊2015年時点で7件	○基本的事項 ・対象地域（拠点地区，ルート，促進地域，ゲートウェイ施設） ・実施体制　・目標　・計画期間 ○広域観光周遊ルート形成促進事業の概要 ・広域で取り組む事業 ・広域観光拠点地区で取り組む事業
自治体の条例	例）富士河口湖町観光立町推進基本計画	同町では，観光産業の国際競争力の強化及び観光人材の育成により一層の国際観光交流に邁進することとし，「富士河口湖町観光立町推進条例」を制定。観光立町の実現に向けた方針，目標，必要施策等を定めた基本計画の策定を位置づけている。

> 「企画」と「計画」
>   いくつかの辞書によれば，企画とは「くわだてること／計画すること」，計画とは「もくろむこと／手順や順序を考えること」とある。
>   一般には，企画も計画も幅広い意味で用いられているが，計画論においては企画と計画は使い分けることがある。「○○企画」とした場合は"○○について提示された案"という意味合いが強く，「○○計画」とした場合は"○○を実現するための段取り"という意味を持つ。また，企画するとは"アイデアを出す（発案する）"という意味で用いられ，計画するとは"案が採用され後に実現化に向けて手段や手順を整理する"という意味で用いられる。なお，「○○計画」とした場合には，段取りの内容を示すこともあれば，冊子としてまとめられた「計画書」を示す場合もある。

2）行政の他部門との連携

　一般的に，観光計画は単独で機能するものではなく，同一自治体内の上位計画（市町村の総合計画，国土利用計画，都市計画等），下位計画（観光関連の部分計画等），他部門計画（建設部門計画，文化・教育関連計画，産業関連計画等）との連携が不可欠である。同時に，他部局，上位官庁（都道府県，国），下位官庁（都道府県からみた市町村）等と調整・協調を図り，効果的な方策を組み立てることが重要である。

　例えば，国立公園の自然を主要な観光資源とする場合は，国立公園内の観光的利用や施設整備については関係機関との十分な調整が必要であり，国立公園サイドが進める活用方策と協調できれば円滑な観光振興が進められる。

①他部門との連携の例

　観光部門と他部門との連携として，以下のものが例示される（表2-3）。
- 国立公園の方策と連携を図り貴重な自然資源の持続的な活用を図る。
- 観光地へアクセスする道路整備と連携を図り快適な移動空間を形成する。
- 文化財保護と連携を図り歴史・文化の観光資源を保存し有効活用を図る。
- 高齢者等の福祉対策と連携を図り観光ガイド等の人材を育成する。
- 商店街活性化と連携を図り魅力的な観光土産品を開発・販売する。等

表 2-3 観光計画と連携して効果を発揮する他部門の計画等

区分	計画例	観光計画との調整・連携の留意点
自然環境の保全と利用	各国立公園・国定公園の公園計画（自然公園法） ＊国立公園の保護と利用を適正に行うために以下の計画を策定 ・規制計画（6つの地種区分） ・事業計画（施設計画と生態系維持回復計画）	国立・国定公園内の観光利用について，公園計画を基本として自然環境の保護と利用の整合性に十分配慮する。 公園区域外においても，自然環境の保護と利用の基本を担保し，地域全体の環境保全に取り組む。
観光地の土地利用	国土利用計画 土地利用調整基本計画 都市計画 都市計画マスタープラン	魅力的な観光地形成のため，計画対象地域の観光面からみたゾーニング（観光特性による区域区分と区域毎の整備方針等）と，長期的な土地利用計画，都市計画法上の規制等との整合性に十分配慮する。
観光客の円滑な移動	交通計画（総合都市交通体系調査，地域公共交通計画等） 港湾計画 等	観光客の円滑な移動を実現するため，観光計画上の観光ルートと，交通計画との整合性に十分配慮する。生活の足としてだけではなく観光2次交通として重要な役割を演じる地域鉄道やローカル路線バスの維持など，観光振興策と活性化施策の連携に配慮する。
観光資源の形成や快適な環境形成	景観計画（景観法） 公園緑地計画 （緑のマスタープラン等） 河川整備計画 等	観光資源となる景観重要建造物や景観重要樹木を明確にして景観保全を図るほか，来訪者の観光体験の中心的なエリアを景観地区や準景観地区として位置づけるなど，魅力的かつ快適な空間形成に向けて調整・連携する。
	歴史的風致維持向上計画 （古都保存法や歴史的まちづくり法に基づく） 伝統的建造物群保存地区保存計画 （文化財保護法に基づき，市町村が条例または都市計画で地区を定める）	地域の重要な観光資源となる歴史的町並みを住民が住み長らえながら動態保存するとともに，町並みと暮らし文化の適正な観光活用を図る，また，祭りや芸能などの伝統文化の観光活用を図るなど，歴史・文化を保全し適正な観光活用が図れるよう調整・連携する。
	中心市街地活性化基本計画 （中心市街地活性化法）	地域の文化的，経済的な財産が集積された中心市街地は，観光資源も豊富であり，また近年の歩く旅の人気対象地ともなっている。さらには，周辺エリアの観光の交通・情報両面のゲートウェイともなる。こうした点から，中心市街地の位置づけや来訪者（観光者＋住民）の誘導等において調整・連携する。

②配慮すべき上位計画等

　地域の観光計画では，留意すべきいくつかの上位計画（法定計画）等がある。

　自治体の空間関連の法定計画としては国土利用計画（市町村計画，都道府県計画）がある。この計画により都市地域に区分された地域の場合は「都市マスタープラン」があり，観光計画の上位計画に位置づけられる。このほかの区域（農業地

域，森林地域，自然公園地域，自然保全地域等）においても，農業振興地域の整備に関する法律，森林法，自然公園法，自然環境保全法等に基づいた法定整備計画が存在し，観光計画と関係する。この中で，自然公園法による公園計画（国立公園，国定公園）は，公園内の適正な観光利用を図るための計画でもあり，観光計画と同類の計画として十分な調整が必要である。

国の計画ではあるが国土の総合的利用に関する計画として「国土形成計画」がある。「国土の利用，整備及び保全を推進するための総合的かつ基本的な計画」であり，「文化，厚生及び観光に関する資源の保護並びに施設の利用及び整備に関する事項」も含まれる。地域によっては観光振興に関する事項も盛り込むことがあり，観光計画との関連を留意する必要がある。

景観法は，基本理念の一つとして，「良好な景観は，観光その他の地域間の交流の促進に大きな役割を担うものであることにかんがみ，地域の活性化に資するよう，地方公共団体，事業者及び住民により，その形成に向けて一体的な取組がなされなければならない」と掲げており，良好な景観形成は観光振興においても重要であることから，観光計画の策定時には景観法との連動は常に念頭に置く必要がある。

さらに，観光振興には産業振興としての側面もあり，行政が策定する産業振興計画において地域産業の全体ビジョンが存在するケースなどでは，その計画を上位計画として考慮する必要がある。

3）地域の観光関連事業者（民間）における位置づけ

地域の望ましい観光を実現するためには，地域の観光事業者の参加が不可欠であり，観光事業者が公益に資するよう地域で活動することが期待される。観光計画は，その動機づけまたは指針として位置づけられるものである。

具体的には，地域の観光の将来のあるべき姿が示され，個々の観光事業者の向かう方向性が示される。また，プラン（計画書／計画）には，民間の観光関連事業者が独自に，あるいは行政や他の事業者と協力して取り組む方策が盛り込まれ，観光関連事業者にとっての具体的な行動指針が示される。

実際には，観光関連事業者が積極的に計画に参加するか否かは，地域の状況

により異なる。関連事業者の参加が得られれば計画は総合性と実現性を増すが，十分な参加が得られなかった場合は望ましい成果が得られないことが多い。

(6) 観光計画の地域における役割

1）地域の観光振興の総合的推進

地域の観光計画は，将来の望ましい観光の実現を目指して，地域の観光振興を総合的に推進することが最も大きな役割である。将来の望ましい観光の姿と進み方が明確に示されることで，観光計画は関係者全員の行動指針となり，地域全体の観光経営が総合的に推進されることが期待されるものである。

総合的推進とは，特定の部分（観光地内の特定の箇所，特定の観光関係者等）に偏ることなく，地域の観光の全体的な均衡を保って振興していくことである。また，誘客宣伝，交通対策，受け入れの施設整備，もてなしのサービス対策などの各種方策についても個々単独ではなく，相乗効果が得られるよう複合され，また，実施時期や役割分担等も調整されて総合的な推進とするものである。

2）関係者の調整，誘導，連携

観光計画の策定では立場の異なる関係者が議論を重ね，お互いの意向を調整して合意を形成する。現状分析や方策の検討時には行政や民間の様々な状況が提示され，状況の共通認識や相互理解を深める。方策の実施段階においては，行政・民間の各種事業が効果的に実現されよう調整を図る。

このように，観光計画では，行政の観光部局と他部局，行政と民間事業者，民間事業者と地域住民などの意向の調整を図り，効果的な方策の誘導や連携の促進を図ることが重要な役割である。

3）地域の観光に関わる人・組織のまとめ役

上記の調整において，利害の異なる観光事業者間の調整が特に重要である。観光計画の策定に立場の異なる事業者が多く参加すれば，お互いの意見を出し合い，理解を深めることができる。この点から，観光計画は地域の観光に関わる人々や組織のまとめ役としての役割を持つと言える。

実際には，利害の異なる観光事業者の調整・合意は最も困難な課題の一つであ

り，観光計画の策定への参加が得られるかどうかが重要なポイントとなる。

　観光計画の理解が進めば，関係する人々が計画策定に参加し，同じ目標へと向かう協力関係が生まれると期待される。言い換えれば，観光計画の始動時（プランニングの初期段階）に，関係者の十分な理解が得られるような説明や働きかけを行うことが重要になる。

4）観光計画に携わる人材・組織の育成

　観光計画の策定に参加することで地域の観光について認識が深まり，また，方策の企画や組み立てなどプランニングの基本も学ぶことができ，効果的な人材育成となる。このことは，観光計画の重要な役割の一つである。

　実際，行政における計画策定の場合であるが，経験のない若手スタッフが専任で配属された後に，関係者の意向聴取や庁内調整などを繰り返していくことで，自ら進んで対処できる人材に成長した事例は幾つも見聞きした。

　観光計画の策定では，地域の様々な観光関連の情報を入手することができ，また，多くの関係者と接し交流を深める機会が得られる。このように，観光計画の策定に参加したことを活かして，将来的には観光部門のキーパーソンとなっていくことも期待できる。

「政策」と「施策」，「方策」と「事業」

　政策と施策は行政において多く用いられる言葉であるが，政策とは「目的を遂行するための方針・手段」または「政府・政党などの施政上の方針や方策」であり，施策とは「政治などを行うに際して実地にとる策」である（出典：デジタル大辞泉）。これによれば，施策は政策を具体化したものと言え，行政の観光計画においては，基本方針は政策であり，具体的な計画の内容は施策となる。

　一方，方策と事業は，行政でも民間でも一般的に用いられる言葉であるが，方策が幾分漠然とした対策や手段と同様の意味合いであるのに対し，事業にはある程度内容が具体化されたニュアンスがある。特に，行政における事業とは，施策が予算化され実施に移される段階のものである。民間においては，活動の全てを事業と呼ぶことがあるが，個々具体的な活動についても事業と呼ぶ。

　※本書では，観光計画が必ずしも行政の計画ではないことから，実施する内容を方策または事業と表記している。事業とした場合は実施段階のものとした。

2. 観光計画の基本構造

(1) 観光計画の対象

観光計画は，望ましい観光の実現のために目標を設定し，各種の方策を計画し実現化を推進するものである。この目標を実現するための方策は「観光者が満足する観光体験のための方策」であることを基本に，「地域へ観光の効果が十分にもたらされるための方策」となる必要がある。観光者のため，地域のため，さらには社会全体（世の中）のための方策である。

また，目標実現のための方策を検討する前提として，「どのような場所—空間的な広がり」を対象としているか（対象地域），及び「どの程度先の将来—時間の長さ」を対象にしているか（期間）が重要である（図 2-4）。

空間の広がりは，一つの観光資源が立地する狭い範囲の「地点」から，高速道路や新幹線の沿線など複数の都道府県にまたがる「地方」及び全国までであり，この広がりの中の特定の範囲を対象地域として観光計画が策定される。

時間の長さは，方策が実施されるまでの期間で，1年以内から10年超と幅がある。一般に，短期（1年から3年程度まで），中期（5年程度），長期（10年程度以上）の期間で区分される。観光計画は，この期間を考慮して策定される。

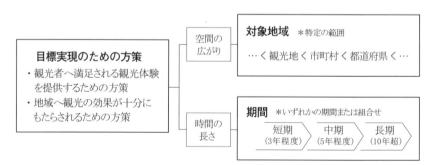

図 2-4 観光計画における基本的な検討対象事項

(2) 観光計画の対象地域と策定主体

観光計画の対象地域は，観光利用からみた観光地点—観光地区—観光地—広域観光地域（観光圏等）といった区分と，行政区域による市町村—広域（複数の市町村）—都道府県—地方（複数の都道府県）—全国の区分がある（図2-5，図2-6）。

観光地点・観光地区・観光地を対象地域とした観光計画は，観光利用の拠点性を高めることを主要な目的とした計画が多く，特定の対策を重視し具体性が高くなる。この場合の計画の策定主体は，行政（主に市町村）のほか，民間事業者単独，民間の組織，行政と民間の共同体（協議会等）などである。

複数の観光地が含まれる広域観光地域（観光圏等）は，後述の広域（複数の市

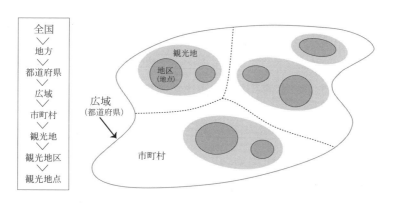

図2-5 観光計画の対象地域の広がり（観光地点から地方，全国まで）

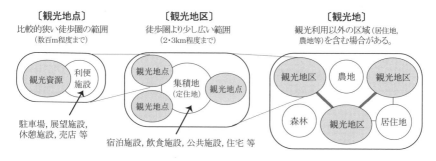

図2-6 観光地点，観光地区，観光地の構成イメージ（例示）

町村)や都道府県あるいは地方の範囲と同等に扱われることが多い。

行政区域を対象地域とした観光計画は，行政（単独または複合）が策定主体となることが一般的である。この場合は，観光地や観光地区を重要な検討対象とするが，観光的に利用されていない範囲についても，新たな観光利用の可能性，景観の向上，あるいは観光と連携した産業の育成等の観点から検討を行うことがあり，総合性が高い計画となる。

複数の市町村による広域や複数の都道府県による地方を対象地域とした観光計画は，行政の共同体（協議会等／国が加わることもある）が策定主体となり，広域や地方に特有の課題（周遊ルート，共同宣伝等）に対応した計画が多い。

国全体を対象地域とする観光計画（「観光立国推進基本計画」が該当）では政府として推進する計画が示され，特定の地域に関する方策は示されていない（表2-4）。

表 2-4 観光計画の対象地と計画の策定主体

対象地	範囲	策定主体
①観光地点	一つまたは少数の観光資源や観光施設の範囲（比較的狭い徒歩圏）	市町村（行政）民間（事業者等）官民共同体 等
②観光地区	一つまたは複数の観光地点と周辺の集積地の範囲（徒歩圏より少し広い程度の範囲。集積地には観光関連施設が集積し，定住地が含まれる場合もある）	
③観光地	一つまたは複数の地区で構成される範囲（市町村内の大字程度。観光利用以外の居住地，農地等を含む場合もある）	
④市町村	市町村の管内（観光地を主要な対象とするが，観光利用されていない区域を含む場合もある）	市町村（行政）
⑤広域市町村	複数の市町村の管内（複数の都道府県にまたがる場合もある。観光地のみを対象とする場合もある）	複数の市町村の共同体 等
⑥都道府県	都道府県の管内（観光地を主要な対象とするが，観光利用されていない区域を含む場合もある）	都道府県（行政）
⑦地方	複数の都道府県の管内（代表的な観光地，主要交通ルート，関連都市等を主な対象とする）	複数の都道府県の共同体 等
⑧全国	国全体（特定の地域を直接の対象とはしない）	国

上記のタイプのうち，観光地点，観光地区，観光地の範囲は本書での定義による。また，この整理では観光地区と観光地は一つの市町村内にあることを想定しているが，複数の市町村あるいは複数の都道府県のまたがる観光地・観光地区は多くある。（例：山岳，高原，湖沼，渓流，海岸 等）

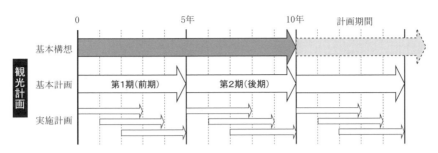

＊基本構想が10年間，基本計画が5年間，実施計画が3年間のローリング計画の場合

図 2-7 実現化の段階による計画の区分と期間

（3）観光計画の期間と実現化の段階

　地域の望ましい観光の実現には，長い時間を要する。このため，観光計画では，短期（3年程度まで）から10年あるいはそれ以上の長期までの期間で方策を実施していくことを考える。例えば，魅力が低下している観光地においては，5年後にはかつての水準に回復，10年後には新たな魅力づくりを実現，15年程度先まで魅力向上を継続するという方針をたて，短期・中期・長期にわたって各種方策を展開するための計画を策定することとなる。

　このような計画は，長期は「基本構想（構想計画）」，5年間程度の中期は「基本計画」，さらに毎年実施していく計画は「実施計画」と呼ばれる（図2-7）。

　基本構想は，基本的な考え方を中心に示す計画で，計画期間は10年間程度以上の長期となる（期間を定めないこともある）。基本計画は，具体的な達成目標と目標実現のための方策や進め方を示す。実施計画は，方策の内容をさらに具体化し，財源も示した計画である。行政では，3年間のローリング計画（毎年度見直しを行いながら継続する計画）とすることが多い。

（4）観光計画の全般に関わる重要な観点

1）一貫した理念／共通認識となるコンセプト

　地域の観光計画は，地域の"実現すべき観光"について一貫した理念が必要であり，関係者全員の共通認識となるコンセプトが不可欠である。

地域の観光に関しては，関わる人々がそれぞれの思いを持ち，必ずしも方向性が一致しているわけではない。このため，観光計画に臨む場合は，十分な議論を行って地域の観光の基本を明確にし，関係者に理解されやすいコンセプト，かつ，年月を経てもゆるぎないコンセプトを生み出すことが重要である。

2）現状と将来／評価と見通し

一般に，多くの計画では，策定作業の中で現状分析と将来予測が重視される。観光計画においてもこれらは重要であるが，観光地の現状評価や観光の将来予測には明確な基準や手法がなく，評価や予測を行う人によって異なった結果が出される可能性がある。従来の計画では，観光資源や市場ポテンシャルの過大評価や，将来需要の甘い見通しが問題となった。

現状を厳密に評価する目，将来を的確に見通す目が重要であり，観光計画の各段階で適切な現状評価と将来見通しを行っていく必要がある。特に，観光計画に専門職として携わるプランナーにおいては，この目が必須である。

3）全体と部分／戦略と戦術／ゾーンと拠点／マスタープランとサイトプラン

観光計画では，将来像を描いたうえで実現化方策が検討され，方策は大きな戦略（方針／大綱）のもとに個々の戦術（個別方策／個別事業）が検討される。空間を扱う場合は，ゾーン（一定の広がりのある範囲）と拠点，または，全体を示すマスタープランと部分のサイトプラン（ディテール）などがある。

いずれも全体と部分の調和の問題で，全体で調和が保たれるよう大筋を決めた後に部分を検討する，あるいは逆に，部分を検討して積み重ねて調整しながら全体をまとめる，といった検討である。全体を扱う戦略やゾーン，マスタープランなどの検討を先に行うケースが多いと思われるが，状況によっては部分（戦術，拠点，サイトプラン）を先に検討することで全体が明確になるといったケースもあり，状況に応じた対応が必要である。

4）不易流行

「不易流行」とは，俳諧用語で，「俳諧の特質は新しみにあり，その新しみを求めて変化を重ねていく『流行』性こそ『不易』の本質であるということ」（大辞林）とされ，"本質を保ちつつ新しいものを重ねる" という点で観光に当てはまる言葉で

ある。観光計画において，常に配慮すべき観点である。

　高度経済成長期後半のリゾートブームの開発では，「不易」は忘れられて「流行」が追い求められた結果，テーマパーク，リゾートホテル，ゴルフ場などが全国に乱立した。一方で，古くから親しまれてきた観光地の中には，「流行」は追わないものの旧態依然としたスタイルのままであったため，観光者の減少を招いた観光地も少なくない。

　「不易流行」を観光で実現することは必ずしも容易ではないと思われるが，観光計画の関係者が共通に意識することが重要である。

5）立場の異なる人々の参加と調整

　地域の観光には立場の異なる人・組織が関わることが当然であり，それを前提とした観光計画でなければならない。立場が異なり利害が対立する関係者を調整して合意を生み出すことで観光計画が成立するとも言える。

　策定の準備段階で反対意見を持つ関係者を排除するような計画（観光計画に限らない）が時折みられるが，このような計画は破たんする可能性が高い。観光計画を進める以上，どの段階にも対立は付きもので，調整と合意形成に大きな努力を払うことは不可欠である。行政内，行政と民間，民間どうしの様々な関係の調整が必要であり，その役割は，行政観光部局の担当スタッフや観光事業者のリーダー等に期待される。

3. 観光計画のプランの構成

(1) プランの基本構成

　観光計画のプラン（計画書／計画）の一般的な内容は，現状と課題，基本的方向，方策，推進・管理に大別され，表2-5のような項目により構成される。

　現状と課題は，地域の観光の実態や社会経済状況等を調査・分析・評価して，改善すべき問題点や今後の可能性及び課題を示すもので，方針と施策の根拠となる。基本的方向は，定めた年次までに達成する目標と，目標を実現するための基本的な考え方や進め方を示す。方策は，目標を実現するための具体的な手段として

表 2-5 観光計画のプラン（計画書）の主な構成要素

区分	一般的な内容
現状と課題 （現状分析）	＊方針と施策の根拠となる今後の可能性と課題（分析・評価に基づく） ・計画の前提－目的，位置づけ，期間 ・地域の観光の評価（観光資源評価，入込等実態分析，地域の現状分析等） ・観光者の今後の見通し（動向調査，マーケティング　等） ・地域の観光振興の課題（問題解決及び将来に向けた地域の観光の課題）
基本的方向	＊関係者全員の共通目標と基本的な進め方 ・将来の目標（定量的目標，定性的目標） ・基本方針（基本理念，基本戦略，ビジョン，コンセプト） ・方策の柱（大綱），重点方策，観光地の利用方針（ゾーニング等）　等
方策	＊目標を実現するための手段とその体系 ・個々の方策（戦術）（行政・民間の各種事業） ・年次プログラム　等
推進・管理	・役割分担，実現化方策（財源等） ・管理・運営の方法，体制　等

公共・民間の各種方策を示す。推進・管理は，プラン全体の推進とその管理の方法を示し，役割分担，財源，管理体制などが含まれる。

　以上の構成要素は，地域の状況が反映されるため，個々のプランにより比重が異なる。現状分析が詳しく表現されているプランがあれば，簡潔に示されたものもある。また，長期ビジョンを主な目的としたプランでは，基本方針までを示して個別の方策は示さないこともある（次の段階のプランで示す）。

(2) プランの主な内容

　観光計画のプラン（計画書／計画）の内容は時代とともに変化してきており，1990年頃までの施設整備を中心としたプランと近年のソフト事業を中心としたプランは，表 2-6 のように比較される。こうした時代の経過による変化も考慮しつつ，全般に共通する項目を中心にプランの主な内容を概説した。

　なお，ここでは，主に基本構想・基本計画レベル（中期・長期）の観光計画を想定しており，実施計画レベル（短期）の計画では含まれない項目もある。

1) 現状と課題
①計画の前提（目的，位置づけ，期間）
　関係者全員が同じ認識で計画の実現に取り組むために，計画の目的，位置づけ，

表 2-6 観光計画のプラン（計画書／計画）の構成（目次）の例

区分	施設整備を中心としたプランの例 （1960〜1990年頃の計画に多い）	ソフト事業を中心としたプランの例 （1990年頃から現代までに多い）
計画名	○○市観光・レクリエーション整備計画	○○市町観光振興基本計画
現状と課題	第1章 計画の位置づけと課題 　1.1 広域計画との関連 　1.2 地域振興における観光の位置づけ 　　　（地域振興と観光の関連） 　1.3 計画地区の評価と課題 　　　（施設の必要性等） ※別途，現況編を整理	第1章 計画の目的と進め方 　1.1 計画の背景と目的 　1.2 計画の位置づけ 　1.3 計画の視点 　1.4 計画の進め方 第2章 観光を取り巻く諸条件と課題 　2.1 観光の現状と動向 　2.2 観光振興施策の現状とその効果 　2.3 観光振興の可能性と課題
基本的方向	第2章 計画の基本方針 　2.1 計画の基本方針 　2.2 利用対象人口及び利用者数の推計 　2.3 施設整備の基本方針 　2.4 土地利用方針とゾーニング	第3章 観光振興の将来像 　3.1 観光振興の将来像（目標） 　3.2 観光振興の基本的方向 　3.3 観光振興に向けた施策体系
方策	第3章 個別計画 　3.1 供給処理計画 　　　（給排水，電気，廃棄物 等） 　3.2 交通輸送計画 　　(1) アクセス道路整備 　　(2) 地区内道路網・駐車場整備 　　(3) 誘導方策 等 　3.3 観光・レクリエーション施設計画 　　(1) 新規施設整備 　　(2) 既存施設充実 等 　3.4 事業費の算定と事業計画 　3.5 環境への配慮	第4章 具体的な観光振興方策 　4.1 海の学校プロジェクト 　　(1) 海の学校の整備 　　(2) 海に関する体験・学習・遊びのプログラム 　　(3) 実現にむけた具体的取り組み 　4.2 うみまち再生プロジェクト 　　(1) 海岸の魅力アップの方策 　　(2) 中心商店街活性化の方策 　　(3) 交通システムの方策 　4.3 食開発プロジェクト 　　(1) 磯の番屋の整備と運営 　　(2) 地産地消システムの形成
推進・管理	第4章 管理・運営計画 　4.1 管理・運営主体 　4.2 管理・運営の方法	第5章 実現化に向けた課題

期間等をプランの冒頭に示す。計画の前提となる重要な確認事項である。

「目的」は，"地域としてどのような観光を目指しているか"を示すもので，地域の観光に関わる人々にとって最も基本的な認識となる。ただし，実際のプランでは，"地域の観光の振興を目的とする"といった漠然とした表現もあり，「目的」を明示することの重要性が十分に認識されているとは言えない。

「位置づけ」は，"観光部門の最上位計画"であることや（プランにより最上位で

はない場合もある),"官民の関係者全員で取り組む"など,計画の重要性が示される。しかし,観光計画が法定計画ではないことなどから,計画の位置づけは形式的なものとして扱われる場合がある。

「期間」は計画の有効期間として定める年数であるが,一般に基本構想レベルの場合は"10年から15年程度"のように幅のある年数で表現する。ただし,基本計画の改定や首長の交代に合わせて見直されることも多く,実質的な期間は10年より短いと言える。基本計画・実施計画レベルでは5年あるいは3年という限定された年数が明示され,原則,この期間で運用される。

②地域の観光の現状分析と評価

地域の観光に関して,観光資源や観光利用(入込状況等)の実態を調査・分析した結果,また,関連社会・経済状況を調査・分析した結果等を基に,地域の観光の特性,今後の可能性,問題点等を示す。

調査・分析の主な項目は下記のようであるが,項目の重要性は地域によって異なり,プランに掲載される項目も異なる。プランの中では分析・評価した結果を示すことが基本であるが,現状整理に終わっているものも少なくない。

〔分析・評価の主な項目〕
〈1〉地域の自然,歴史,文化,社会,産業(いずれも観光との関連を中心に)
〈2〉観光資源,観光対象,観光的土地利用・施設立地,関連する法令等
〈3〉入込状況(観光客数),誘致圏,観光者の行動
〈4〉観光関連の組織,人材,事業者
〈5〉行政・民間の関連事業(観光事業,交通,情報,文化,産業)等

現状分析を重視する場合には,計画書の取りまとめの前に資料編(現状分析編)を別途作成することもある。しかし,近年は,現状分析のウェイトが低い傾向が見られ,資料編を取りまとめることは少ないようである。

③地域の観光を取り巻く状況の今後の見通し

地域の実態とともに,市場や周辺地域等の動向についても調査・分析を行い,地域の観光を取り巻く状況(地域外の状況)について今後の見通しを示すもので,方策の重要な根拠となる。ここでの調査・分析は既存資料による場合が多いが,長

期ビジョンの策定などでは新規に調査を実施することもある。

〔地域の観光を取り巻く状況に関する主な項目〕
〈1〉 国民または外客の観光旅行の動向（実施状況，目的，活動等）
〈2〉 市場（大都市圏等）の動向（観光地の選択，客層別ニーズ等）
〈3〉 交通条件の見通し（高速交通網の整備，公共交通機関の整備等）
〈4〉 周辺地域の競合条件（競合観光地の整備，他地域の誘客等） 等

　国内外の観光者の動向は単純に予測できるものではないことから，十分な根拠がないまま楽観的な見通しが示された計画や，逆に，確実な目先（1年後等）を重視して中・長期の見通しを示さないものも見られる。しかし，地域の観光を取り巻く状況の見通しは重要な要素であり，十分な検討が必要である。

④課題の設定

　観光計画における課題は，上記の分析・評価を総合して，改善すべき問題点と今後の振興のための課題を示すもので，プランの前段の結論部分となる。

　観光計画の課題は，目的を実現するために取り組むべき事柄が幾つもある中から重要な事柄を選択する，あるいは，複数の事柄をまとめて捉えるといった総合的な判断を行って設定するもので，計画の策定に関わる人々の熟慮が必要な部分である。

〔課題の設定の主な項目〕
〈1〉 地域の観光の現状における重要な問題点（改善の優先順位上位から）
〈2〉 総合化した複数の課題（中心的課題＋その他の課題等）

　例えば，「観光資源の周辺にゴミが散乱する」「観光資源の魅力が十分に理解されていない」「外国人が増加している」といった現状があった場合に，適正な観光利用の観点から見た最も重要な問題点は「理解されていない」ことと考えられる。このとき，観光利用を促進する観点からの課題は「国内客にも外国人にも理解される情報伝達と誘導」と考えられる。一方，環境保全を優先した場合には「観光的利用の規制」が課題となるとも考えられ，課題の設定のためには地域の状況に応じた判断が必要である。

　状況によっては，行いたい事業が先に決まっていて課題の検討が十分に行われ

ない（必要ではないとされる）場合があるが，課題はその後に続く基本方針や方策の前提となるものであり，観光計画における最も重要な項目の一つとして扱うべきである。

2）基本的方向
①将来の目標

観光計画に示される目標は，計画の期間内に達成しようとする地域全体の観光の姿であり，定性的な目標と定量的な目標（数値目標）で表現される。定量的な目標は，フレーム（将来フレーム）または指標とも言われる。

一般に，計画における目標は計画期間が経過した時点で達成する中間到達点であるが，観光計画の定性的目標（将来像）は計画期間を超えた将来の姿とされることも多い。定量的目標については，原則，計画期間に対応する。

〔目標の主な項目〕
　〈1〉定性的目標：地域の観光の将来像（実現を目指す観光地の将来の姿）
　　　　　　　　　（観光者，観光事業者，住民のそれぞれにとっての将来像）
　〈2〉定量的目標：需要予測（入込数，宿泊数，期待される消費額　等）
　　　　　　　　　観光の効果（経済効果，雇用効果，交流の効果　等）等

定性的な目標は，地域の観光の目指す姿を内外にアピールする役割もあり，「日本一の〇〇」「〇〇の町」といった標語や短文，またはイメージ図（イラスト，鳥瞰図，模式図等）などで表現される。いずれの場合も，地域の特性をベースに"地域らしさ"を強調したメッセージとしているものが多い。なお，定性的な目標は，後述の基本方針（基本戦略）に含めて表現され，目標像といった表現がない場合もある。

定量的な目標は，入込観光者数，宿泊数，観光消費額，地域効果，観光者の満足度等の具体的な数値目標であり，需要予測に基づいて設定される。観光拠点の整備が含まれる場合などは，土地利用や施設の規模，活動量，必要サービス量など，供給量に関する数値目標が必要となる場合もある。なお，行政の計画では，定量的目標は事業評価に対応した評価指標と位置付けられている。

②基本方針（基本戦略），基本理念

　観光振興の基本方針（または基本戦略とも言われる）は，目標の実現のために"どのように進んでいくか"を文章や概念図などで示したもので，プランの骨格部分である。ビジョンやコンセプトと呼ばれることもある。また，後述の方策の柱（大綱）に対応させて，方針1，方針2……と複数の方針によって構成するプランもみられる。

　基本方針に先だって，"どのような姿勢で臨むか"を「基本理念」として示すこともある。基本理念は，「理念」という用語を用いないで基本方針に含めて示される場合や，プランの冒頭に「目的」と並んで示されることもある。

〔基本方針に関する主な項目〕
　〈1〉計画の理念（地域の観光振興に取り組む姿勢，根本の考え方）
　〈2〉観光振興の全体方針（基本戦略）（目標実現のための最良の進め方）

　登山において複数のルートの中から一つルートを決定するように，目標を実現するために最良の進め方を基本方針として決定する。例えば，「10年間で観光客数倍増」という目標に対して，「もてなしの充実を中心に」という方針もあれば，「観光施設の拡充」という方針もあり得る。地域の実態や観光者の動向等を総合的に判断し，代替案との比較検討も行いながら，最良と考えられる道を選択して方針を設定するものである。

「目的」と「目標」
　「目的」は「目標」に比べて抽象的で長期にわたり目指すもので，「目標」は具体的な達成するもの（数量，地点等）に重きをおいている。（資料：大辞泉）
　本書では，「目的」は，到達することを目指す最終的なあり方（観光の意義，役割等も含む）とし，「目標」は「目的」を実現するために設定した具体的な達成すべきもの（定めた年次までに達成する量や質等）としている。

---

③観光地の利用方針（空間の方針）

　全体の方針に基づいて，地域内のどこで・何をするかという観光利用についての方針が必要であり，下記のような空間に関する項目を示す。貴重な自然環境など保

護すべき場所と観光的に活用する場所の調和を図り，適正で効果的な観光的空間利用の方針を示すものである．

〔観光地の利用方針に関する主な項目〕
〈1〉ゾーニング（保全ゾーンと利用ゾーン，利用ゾーンのタイプ別区分等）
〈2〉土地利用区分（土地条件に対応した区分）
〈3〉利用タイプ別の拠点配置（滞留拠点，宿泊拠点，交通拠点等）
〈4〉観光交通網（主要動線と交通拠点，観光者の移動ルート等）　等

1990年頃までの施設整備を中心とした計画では空間利用の方針を示すことが一般的であったが，近年のソフト事業を中心とした計画では観光地全体の空間利用を扱わないものもみられる．どのような計画であっても，観光地という空間を利用することに変わりはないため，観光からみたゾーニングや土地利用といった基本的な空間利用の方針は示されるべきである．

3）方策
①方策の種類

　基本方針（基本戦略）に基づいた具体的な手段（戦術）である個別方策には，下記に例示されるような様々な種類がある．この例では，観光者に向けた情報提供や誘客対策と地域の受皿に関する方策に二分し，後者はさらに，観光の基盤，観光体験のためのハード・ソフト，観光に関連する産業，地域の支援体制に区分した．この例以外にも，ハード・空間系とソフト系の区分や，公共系と民間系の区分など，方策の分類には幾通りもある．

　実際の観光計画では，地域の状況に合わせて必要な方策が選択され，次項に示す方策の体系によってまとめられる．

【観光計画における個別方策の様々な種類（例）】
　　◉ 観光者に向けた情報・誘客
　　● 観光情報（市場向け情報対策，来訪者向け情報対策　等）
　　● 誘客・宣伝（観光者向け誘客対策，旅行会社等事業者向け誘客対策　等）
　　● 旅行商品（着地型旅行商品造成，旅行会社との提携　等）

◉ 地域の受け皿―観光の基盤
  • 観光資源（観光資源の保全・継承・発掘，関連施設の充実　等）
  • 地域基盤（自然保護，景観対策，道路・駐車場等交通基盤整備　等）
◉ 地域の受け皿―観光体験のためのハード・ソフト
  • 観光体験施設（新規施設整備，既存施設の活用，運営改善　等）
  • 観光体験ソフト（体験プログラム整備，観光ルート整備，イベント開催　等）
  • 公的関連施設（休憩所等サービス施設整備，案内・誘導，情報提供　等）
◉ 地域の受け皿―観光に関連する産業
  • 観光事業（健全経営，新規事業展開，リーダー等人材育成　等）
  • 地場産業（一次産品の活用，体験観光，流通・サービス業との連携　等）
◉ 地域の受け皿―地域の支援体制
  • 住民（観光者との交流機会の拡充，住民が迎える環境づくり　等）
  • 行政（公的支援体制，行政部門間の連携　等）

②方策の柱と体系

　観光計画は複数の種類の方策を組み合わせた計画であることから，方策をグループ化してそれぞれに方針を設定する。このグループは「柱」あるいは「大綱」（行政計画の場合）と呼ばれる。柱（大綱）ごとに個々の方策を位置づけたものが「体系」であり，「施策体系」とも呼ばれる。

　方策の柱（大綱）は，施設整備を中心とした時代には行政の部門別に対応した"縦割り"のもの（例：誘客・宣伝，交通対策　等）が多く見られたが，近年は観光振興のテーマにより構成したもの（例：海の体験むらづくり）など横断的が方策の組み立てが広まっている。

　方策の体系（施策体系）の一例を次ページに示したが，柱（大綱）ごとに複数の中間的なグループが位置づけられ，さらに，中間グループのそれぞれに複数の個別方策が位置づけられる。さらに，実施段階では，一つの個別方策が複数の事業（実施者・財源等が確定したもの）に区分されることもある。全体では，数本の柱に数十の個別方策が位置づけられ，事業レベルでは100を超える体系となること

が一般的である。ただし、基本構想・基本計画レベルの計画書の中では、個別方策や事業まで一覧に示すと煩雑になることから、中間グループまでを施策体系図として示しているものが多い。

　方策の柱や体系を作成する方法は、個別方策を整理して中間グループ・柱とグループ化する方法と、柱を先に決定して方策を位置づけていく方法に大別される。近年の横断的な柱の場合は後者の柱を先に決定する方法によることが多く、個別方策の位置づけはより選択的（戦術的）になる。

【方策の体系の一例】
　　　　　　　①～③：中間グループ　　1)～3)：個別方策　　（　）：事業
　1．観光を支える基盤づくり
　　①美しい郷土の保全・育成
　　　1) 緑の保全（自然公園保全，保全緑地倍増　等）
　　　2) 美化対策（ゴミゼロPR運動，沿道美化　等）
　　　3) 田園の維持（緑の里整備，市民農園整備　等）
　　②歴史的遺産の保全・継承
　　　1) 文化財の保護（重要文化財保護，伝統継承者育成　等）
　　　2) 遺跡の整備（城址公園整備，歴史街道整備　等）
　　③観光交通ネットワークの充実
　　　1) 広域幹線道路整備（国道拡幅整備，主要地方道延伸　等）
　　　2) 観光ルート整備（案内標示の整備，ルートPR　等）
　　　　　　　　　　資料：「かながわ観光プラン」（1988.12 神奈川県）を参考に作成

③特定の方策（重点方策，エリア別方策等）
　特に重要な方策について「重点方策（重点プロジェクト）」としてまとめて示すことがある。重点方策として別掲することで、地域の観光振興にとっての重要性をアピールし、実現化のための支援や協力を訴える等の役割がある。
　また、地域内に複数の観光エリアがある場合は、エリア別に方策をまとめて示す

ことがある．都道府県や広域圏の計画の場合は，複数市町村にまたがる地域別や主要観光エリア別の方策が示される．

4）個別方策

　個別方策は多方面に及び行政・民間の様々な事業が含まれるため，計画書の中では，方策の内容とともに，効果的な実施の考え方，役割分担，実施手順なども示す．基本構想のレベルでは，方策の中間グループのレベルを説明し，個別方策以下は例示にとどめることもある．基本計画のレベルでは，個別方策の説明に加えて，確定している主な事業の名称まで掲載することもある．実施計画の場合は，原則として，個別方策を構成する個々の事業ごとに具体的内容（事業主体，規模，費用，財源，実施時期，成果の見通し等）まで掲載する．

④推進・管理

　プランの最後には，計画全体を効果的・効率的に推進し，実施された事業の効果を評価して次につなげるために，計画の推進・管理が示される．

　　〔推進・管理に関する主な項目〕
　　〈1〉個別方策の実現化のスケジュール（年次計画）と役割分担（実施主体）
　　〈2〉主要事業の事業化方策（財源確保，実施の仕組み等）
　　〈3〉計画の管理・運営（実施された事業の評価，運営の体制等）

　効果的・効率的な推進として，事業の役割分担（実施する主体の明確化），事業実施のタイムスケジュール，事業化方策（事業制度の活用，財源の確保等）などが示される．基本構想レベルの場合は考え方の記述にとどまり，基本計画レベル，実施計画レベルと具体性が増す．施設整備を中心とするプランの場合は，10年程度までの長期の計画（一般に基本計画とされることが多い）であっても，事業主体，概算事業費，財源，事業期間などが示されることもある．

　一方，計画の管理については多くのプランで考え方が示されるものの，結果を評価して次につける体制が十分とは言えない．従来の観光計画では，個別方策を取りまとめるところまでがプランの主な役割とされ，推進・管理については関係者への要請で終わる傾向があった．しかし，近年は，計画の実効性が重視されることか

ら，プランに明確に盛り込むことで，実質的な管理・運営の体制が充実していくことが期待される。

4. 観光計画のプランニングの構成

（1）プランニングのプロセスと作業項目
1）一般的なプロセス

一つのプランを策定・実施するプランニングの一般的なプロセスは図2-8のように示され，計画の策定準備―策定作業―実現化の3段階に大別される。

準備の段階は，観光計画を策定しようとする背景から目的が決まり，この目的に応じて望ましい体制が組まれて策定作業に入る。策定作業は，計画の条件整理と方策の検討に大別され，いずれも詳細な検討が行われるため，1年から2年の期間を要する場合もある。計画の実現化は，プランを決定した後，各種方策（官民の事業で構成）が順次実施され，3年程度までの短期から5年，10年以上の中・長期にわたる場合がある。さらに，実施された内容を評価し，次の段階の計画へと継続していく繰り返しのプロセスが観光計画の全体である。

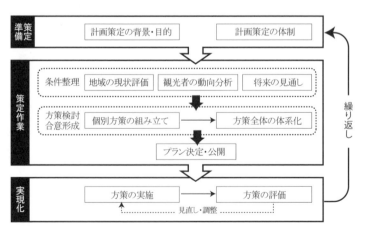

図 2-8 一つの計画を策定・実施するプランニングの一般的プロセス

2）策定作業の主な項目

　プランの策定作業は，調査，分析，評価，案作成，協議，合意形成といったタイプに区分される。これら作業のタイプとプラン（計画書／計画）の構成により，プランニングの作業項目は下表のように例示される。

　プランの構成に沿って作業を進めることが基本ではあるが，実際のプランニングでは作業が複層することも多い。例えば，観光資源に関する調査，基本方針に関する意向調査，あるいは官民の関連事業に関する調査等は，基礎調査として初期に同時期に行われることが多い。また，特定の方策が想定されている場合には準備段階から合意形成のための協議（根回し）が行われるなど，合意形成の手順は状況により異なる。

　プランニングの期間は，着手から計画書の取りまとめ・公開まで1年間または2年間程度である。現状分析が重視される場合は，1年目に現状分析が行われ2年目に計画策定と，比較的余裕をもって作業が行われることもある。現状分析の時間的余裕がない場合は，分析と策定が並行して行われる。

3）地域の状況に応じた多様なプランニングのプロセス

　観光計画のプランニングについては，どの地域にも当てはめることができるマニュアル的な方式はない。観光計画を実践する地域の状況が反映されて，実際のプラ

表2-7　プランの構成と作業タイプからみた策定作業の主な項目（例）

作業タイプ ＼ プランの構成	現状と課題	基本的方向	方策
調査	観光資源，観光利用，地域の社会経済状況，市場の動向等の調査	観光関係者の意向調査 類似事例調査 周辺地域の動向調査	関係機関（官・民）の既存・新規の事業，行政の上位官庁の事業制度等の調査
分析評価	観光資源や市場の評価 観光利用・観光施設・観光事業等の問題点の整理	ポテンシャルの評価 需要予測	実施済事業の成果の評価 新規事業の必要性の分析
案作成	重要な問題点の整理 観光振興の課題の設定（中心的課題，他の課題）	将来像，目標，基本方針（戦略）等に関する代替案の作成	個々の方策の実施内容の案を作成，一部の方策について代替案を作成
合意形成	現状評価と課題に関する合意を得るための資料作成・協議等	基本的方向に関する合意を得るための資料作成・協議等	方策に関する合意を得るための資料作成・協議等

ンニングは個々の地域によって異なる多様なものとなる。また，プランニングを進めるに従って様々な問題点や関係者の意向等が明らかになり，これらに対応した効果的な作業が必要となるために，当初に想定したプロセスを変更することも多い。

①理詰め or 積み上げ

　プランニングの中の案作成のプロセスには，目標や基本方針から個別方策へと理詰めに進めるものと，個別方策の内容を具体化しこれらを積み上げて基本方針をまとめるという，異なる二つの取り組み方がある。

　観光計画において検討する対象は多岐にわたり，また，地域ごとに問題点や課題は異なり利害関係は複雑である。このため，実際のプランニングでは，理詰めを中心にして積み上げで補完，または，積み上げを中心にして理詰めで補完のいずれかによって，理詰めと積み上げを効果的に併用して作業を進める必要がある。この理詰めと積み上げのバランスは地域の状況により異なり，プランナーの判断が重要になる。

②予備活動を組み込む

　観光計画の重要な方策が確実な成果を挙げるために，プランニングの一環としての予備活動（実験的活動／原則としてソフト事業）を行い，そこから得られた情報を基に本事業の内容を確定する方法が効果的である。このプランニングは，仮の計画→実施・評価→本番の策定というプロセスをたどるもので，長期にわたるプランニングと一つの計画を策定するプランニングの中間的なものである。複数年にわたる継続的な実施が必要な方策の場合は，このプランニングにより段階的に内容を深め，成果を充実させていくことが期待できる。

　なお，このプランニングでは，方策の内容を検討してすぐに実施に移すため，計画策定担当と実施担当の連携が不可欠である。また，予備活動は本事業を前提として行うことから，本事業についての合意や予算措置も必要である。

(2) 長期にわたるプランニングのプロセス

　観光計画のプラン（計画）の策定と実施を繰り返して長期間にわたって継続するプランニングは，計画の策定―実施―評価―次期計画の策定という一連のサイク

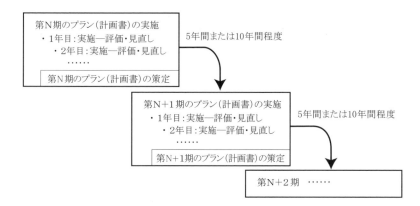

図 2-9　長期にわたるプランニングのプロセス

ルが繰り返される。このサイクルは業務管理の分野で用いられている「PDCA サイクル（Plan-Do-Check-Act）」と呼ばれる手順に当てはめることができ，計画の実施内容を適切に評価し次につなげる仕組みを組み込んだプロセスとすることが重要である。

　行政が策定主体の場合は，一つの計画の期間が 5 年間程度の中期計画（基本計画）と 10 年間程度の長期計画（基本構想）を繰り返すことが多く，観光計画においても 5 年あるいは 10 年ごとに新たな計画の策定が行われる。

　ただし，首長（都道府県知事，市町村長）の交代や社会経済情勢の変化等の要因により，地域の状況が変化した場合には，観光計画の長期にわたるプロセスは継続しないこともある。また，5 年あるいは 10 年を経て新たな計画が策定された場合でも，前述の「実施内容を適切に評価し次につなげる仕組み」によらない場合があり，観光振興の考え方や方策の継続性がない地域が多い。

（3）プランニングの専門性

　観光計画のプランニングには，他の分野と共通した技術的専門性と観光分野に特有の専門性が求められ，特にプランナーには両方の専門性を備えた技術者であることが期待される。

表 2-8 観光計画の計画策定技術（例）

区分	計画技術の例
調査・分析	・必要な情報の収集・整理，情報の分析（比較，解釈，統計的解析等） ・観光資源の評価（価値判断），将来予測（データ推計，予見）　等
企画・計画	・企画－地域の観光を理解し将来を見据えて発想する。 　　将来像，コンセプト，基本方針・戦略，空間構成，仕組み　等 ・計画－5W2Hに基づく方策の組み立て，代替案の評価（効果の比較等） 　　why, what, where, when, who, how, how much 　　なぜ，なにを，どこで，いつ，だれが，どのように，どのくらい
調整・合意	・関係者の意向把握，的確な情報提供（検討の経緯，調査結果　等） ・合意を図るための協議の場の設定（人選，会場設定，進め方／ワークショップ運営，ファシリテーション技術　等） ・説得力あるプレゼンテーション　等

1）技術的専門性（計画技術）

　観光計画に求められる技術的専門性は，計画を策定する作業に関するものと計画を管理・運用するものに分けられる。これらは，計画技術と呼ばれるもので，他の多くの分野の計画と共通点が多い。

①計画策定技術

　観光計画の策定作業に関する技術は，調査・分析の技術，企画・計画の技術，調整・合意の技術などがあり，以下のように例示される（表 2-8）。

　調査・分析の技術は，必要な情報の収集・整理や統計的処理など他の分野の計画策定にも共通する技術が多いが，観光資源の評価や観光地の将来予測などでは観光に特有の知見や経験が不可欠である。

　企画・計画は，観光地としてあるべき姿を発想し，より効果的な方策を組み立てるもので，観光計画策定の中心的な部分である。しかし，発想や組み立てに関する一般化された技術と言えるものは少なく，プランナーの個人的な技（ワザ）によるところが大きい。実施計画では事業案の事前評価等において数量的解析が行われるが，基本構想や基本計画のレベルでは客観的あるいは数量的な手法が用いられることは少なく，"方策を分かりやすく取りまとめる"といった表現技法が中心で

表 2-9 観光計画の管理・運営に関する計画技術（例）

区分	計画技術の例
方策の実施状況	・一定期間中に実施した方策の把握 ・個々の方策の実施結果（アウトプット）の整理　等
方策の成果	・個々の方策の成果（アウトカム）の計測 ・全体目標の達成状況の評価　等
方策の改善点	・個々の方策の改善点の指摘 ・方策の組み合わせ，実施時期等の指摘　等

ある。このような状況は，観光以外の多くの公的な計画にも共通しており，企画・計画に関する客観的な計画技術の確立が望まれる。

　調整・合意に関する計画技術には，関係者の意向の把握，関係者への情報提供，関係者を集めた協議の場の設定などがあり，これらが的確に，戦略的に行われることによって，関係者の合意形成が円滑になる。従来は計画技術の対象として重きを置かない傾向にあったが，今後の観光計画では非常に重要である。

②計画管理技術

　管理・運営に関する計画技術は，個々の方策（行政・民間の各種方策）の実施状況の把握やそれらの成果の評価，方策の改善点の指摘などがあり，各種方策に精通するとともに，地域の観光の状況を観察する目も求められる（表 2-9）。観光計画の実施主体の中の人材などに求められる専門性であり，一般には，行政の観光部局が担うことが多い。

2）観光分野に特有の専門性

①中立性と説明力

　観光計画は，観光者に満足感をもたらし，地域のため，観光事業者のためとなる計画であることから，その策定から推進は特定の立場に偏ることなく中立な立場で進められる必要がる。関係者の合意を図るためにも中立であることを強調し，地域全体の目的に向かう誘導役となることが期待される。

　計画の中立性は地域の公的な分野に共通するものであるが，観光計画の場合は民間事業者の利害に関わる問題を含む場合が多いことから，中立性がより強く求められる。実際の計画策定では特定の方策について賛成・反対が分かれることが常

であるが，意見の多少ではなく全体の利益を基準として調整する必要がある。このため，プランナーは，単に方策を提案するだけではなく，地域全体の利益に貢献することを客観的に説明する技能を持つことが求められる。

②未来志向と企画力

観光計画は"地域の観光の将来"を描くものであることから，計画策定に関わる人々には，地域と観光を深く理解し常に未来志向であることが求められる。現状の問題解決や目先の集客増といった近視眼的な発想ではなく，"将来に向かって地域の観光を良くしていく"という思いを持つことが期待される。

特にプランナーは，本質を捉えていると同時に夢のある将来像や方策を提案する必要があり，調査・分析の計画技術に偏重することなく，未来志向の企画力を持ち関係者をリードしていくことが期待される。

③幅広い視点と総合化力

観光計画は，観光者と地域の双方にとって望ましい将来の「観光活動の場とサービス」についての計画であると言える。「観光活動の場とサービス」には，空間，機能，サービス，人，仕組みなどの要素があり，要素ごとの総合化及び要素間の総合化が非常に重要である。プランナーには，ハード・ソフトの多様な領域を見渡せる幅広い視点と，様々な要素を総合化する能力が求められる。

例えば，空間に関する方針としてゾーニングや土地利用計画を作成するが，これらは観光資源の保全と適正利用，魅力的な観光体験の場・機能の配置，移動による楽しみ方，他分野との土地利用の調整等の多くの要素を総合化している。また，「○○の里づくり」などのテーマ性による方策の柱立てでは，地域の資源の有効活用，新たな観光拠点，一次産業関係者の活躍の場，観光体験と教育・文化の結びつき等の要素の総合化が想定される。これらの総合化は，複数の要素を重ね合わせて相乗効果と新たな展開を生み出すものである。

(4) プランニングの重点—拡張と再生による違い

以上にプランニングの一般的な構成を示したが，実際の観光計画では地域の状況に応じて様々な形態のプランニングが実施される。例えば，新規の観光利用また

は拡張を目的とした施設整備中心の観光計画の場合は，空間や土地利用に関する検討を重視したプランニングを行う．一方，既存観光地の活性化や再生を目的とした観光計画では，ソフト方策や合意形成あるいは実現化対策等に関する検討を重視したプランニングを行う傾向にある．

前者のプランニングは1990年頃までの観光需要増大期に多くみられ，後者はその後現在までに多い．観光地の成熟度や社会経済情勢により観光計画の目的が変化し，それに対応するためにプランニングの重点が変化したと言える．

上記2タイプは観光計画のプランニングの基本スタイルと言え，両者の基本を理解することが重要であると考える．今後の観光計画では，両者の特徴を活かして，より効果的なプランニングが実践されることが期待される．

1）拡張を主な目的とした観光計画のプランニング
①プランニングの重点

新たな観光活動の場の創造や既存の観光活動の場の拡張を主な目的とした観光計画では，それらの場（土地・施設・機能等）の具体化が重視され，空間及び土地利用に関する一連の検討に重点を置いたプランニングが行われることが多い．観光活動の場を広げることで入込数の増加を期待する計画であることから，地域環境との調和に十分に配慮しつつ，観光者にとって魅力的な活動の場を提供するための検討がプランニングの重点となるものである．

このタイプのプランニングでは，比較的長いスパンで将来のあり方（理想的な姿）を検討することが多い．空間や土地利用を扱うため，1・2年という短期間では十分な結果が出ないことが多く，5年あるいは10年以上の将来を見据えたプランニングとなる．また，空間や土地を扱うことから専門的技術を持ったプランナーが重要な役割を担うプランニングとなることが多い．

②特徴的な検討項目

空間・土地利用を重視したプランニングの特徴的な検討項目の例は，下記のように示される．最初に「どのような活動」を「どこ」に「どれだけの量」を生み出すかを検討し，地域の環境との調和や魅力的な観光利用のための空間的な総合化（ゾーニングと土地利用）を検討する．必要に応じて，新規に整備する施設の内容

やデザイン，あるいは観光ルート・コースなどの検討を行う。このような空間・土地利用に関する一連の検討によって，美しく魅力的な観光地の創造を目指すものである。

【空間・土地利用を重視したプランニングの特徴的な検討項目例】
1. 観光資源の評価と導入活動・機能・施設：学術的な観点を含めて客観的に観光資源の価値を評価し，その活用として相応しい観光活動とそれに必要な機能・施設を検討する。同時に，排除すべき活動についても検討する。
2. 適地選定：自然や歴史・文化の地域環境の保全や既存の土地利用等と整合性を図りながら，観光資源の魅力を最大限に引き出す場所であることを基本に，導入活動・機能・施設のための適地を検討する。新規に拠点を創造する場合には，適地選定が先行することもある。
3. 観光地の容量：観光資源を保全し持続的に活用していくための適切な観光者の受入量について，観光資源の耐久性（自然生態への影響が無い等），観光者の快適な行動（混雑が無い等），地域の条件等から検討する。
4. 誘致圏と需要：地域からみてどの程度の遠方から観光者の来訪を期待するか（誘致するか）という誘致圏について，観光資源の評価結果と広域の交通条件等から検討する。日帰り，宿泊，広域周遊等の行動パターンや客層等も考慮し，観光活動の原単位（実施率等）を利用して需要量を推定する。
5. ゾーニングと土地利用計画：対象地域について観光的利用や規制等を定めた複数の区域（ゾーン）に区分するゾーニングを検討する。環境保全を優先するゾーンと観光利用を進めるゾーンを段階的に区分するゾーニングと，観光利用のテーマや機能により戦略的に区分するゾーニングがある。
6. 施設とデザイン：需要の推定結果と空間の原単位（利用密度等）などに基づいて新たに整備する拠点や施設の規模や必要機能，提供するサービス量等を具体的に検討する。また，観光拠点として相応しい環境に調和したデザインを検討する。実施段階においては，事業費や運営方法等の事業化を検討するとともに，経済効果や雇用効果等の波及効果についても検討する。

7. 観光ルート・コース：市場と観光地を結びまた周辺観光地間を結ぶ観光ルートについて，変化のある観光体験の組み合わせや移動の楽しみ等の観点から検討する。上記観光ルートや観光地内を巡り印象的な観光体験を提供する観光コースについて，体験のテーマ，アクティビティ，移動，休息等の観点から検討する。観光者にとって魅力的なコースとし，旅行商品に繋げる。

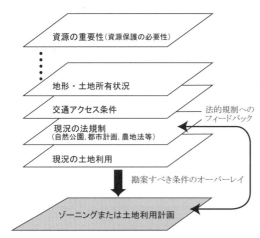

ゾーニングは，観光資源の価値，交通アクセスの条件等に基づき，資源保全・環境保全を優先するゾーンと利用を優先するゾーンをいくつかの段階にわけて設定していく。ことのき，観光資源の価値や資源保護の優先順位，及び，行われる観光活動の種類とそれを実現するための機能に十分に配慮して，ゾーンを設定していくことが重要である。

図2-10　ゾーニングの一般的な手順

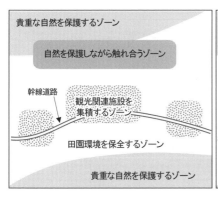

図2-11　自然資源の保護と活用の
　　　　ゾーニングのイメージ

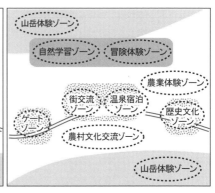

図2-12　テーマや機能を明確化した
　　　　ゾーニングのイメージ

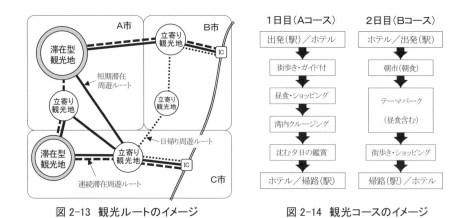

図 2-13 観光ルートのイメージ　　　図 2-14 観光コースのイメージ

> 観光の原単位（活動の発生の原単位，空間の原単位）
> 　人口1人当たりの宿泊観光旅行の実施回数は年間で0.7〜0.8回程度（「旅行・観光消費動向調査」観光庁より）であるが，このような値は観光活動の発生原単位と言われる。また，宿泊施設に必要な1人当たりの床面積や，海水浴場の快適な1人当たり砂浜面積などは，空間（密度）の原単位と呼ばれる。原単位は，観光の現状分析や需要予測あるいは規模算定など様々な量的検討に欠かせない基礎資料であり，観光活動や観光地の実態から新たな原単位の作成や従来の値の見直しが必要である。

2）再生を目的とした観光計画のプランニング
①プランニングの重点

　観光地として歴史を持つ地域の活性化や再生を主な目的とした観光計画では，他地域との差別化やサービスの向上あるいは観光事業の経営改善など直面する様々な問題への対応が重視され，人材や組織または仕組み等のソフト面に関する検討に重点を置いたプランニングが行われることが多い。観光需要の増大が単純には期待できない状況にあって，複雑な観光地の状況を改善しながら入込数の維持・増加を期待する計画であることから，誘客対策やサービスの充実あるいは観光地経営や計画の推進といったソフト面の検討がプランニングの重点となるものである。拠点や観光施設あるいは基盤施設の再整備や拡充が一部に含まれる場合でも，プ

ランニングの全体は空間や土地利用を重視したものとなることはなく，ソフト面を重視したプランニングとなる傾向がある。

　このタイプのプランニングでは，5年後あるいは10年後という中・長期的な観光地のあり方を想定しつつも，1・2年という短期間で成果が得られる方策や早期の実現化などについても検討することが多い。

　また，地域の関係者との協議を重ねていく"計画づくり"も展開される。従来は観光に直接的に関わっていなかった地場産業の関係者や一般住民にも範囲を広げて，「まちづくり」と一体化したプランニングとなる場合もある。

②**特徴的な検討項目**

　再生のためのソフト面を重視したプランニングの特徴的な検討項目の例は，下記のように示される。地域の特徴を再確認するために観光資源の見直しや活性化の条件などを検討するとともに，民間企業や観光地全体の経営状況を把握する。方策の検討では，観光振興策が地域課題の解決にもつながるよう"まちづくり"と一体となった検討を行うこともある。さらに，計画の実現性をより確かなものとするために，合意形成と推進体制が重要な検討項目となる。

【再生のソフト面を重視したプランニングの特徴的な検討項目例】
1. 観光地としての特性：既存の観光資源について本来の価値と観光利用の現状を見直すとともに，食や生活文化等の様々な要素に着目して地域の個性を表現する新たな観光資源を発掘するなどにより，観光資源を再評価する。また，一次産業等の他分野の人材や組織にも目を向けて，幅広い観点から今後の活性化のための条件を検討する。
2. 観光地の経営状況：民間の観光事業の経営状況を把握するとともに，観光者の満足度や地域への波及効果（経済効果，社会効果）等から観光地全体の経営状況を調査・分析し，問題点を把握する。
3. 地域課題の複合的解決：観光振興の方策が単に観光者の増加や特定観光事業の収益向上のみに終わることなく複数の地域課題（環境改善，生きがい対策，文化振興等）に結びつくよう検討する。特に，観光振興とまちづくりが一体化した観光計画では，まちづくりの多方面への観光の活用を検討する。

4. 合意形成:観光計画の総論から各論まで関係者の十分な合意が得られるよう,策定体制(参加者,組織体制等),会議の設定・運営,情報の共有,住民への周知等について効果的な方法を検討し実践する。
5. 推進体制:策定した計画の効率的・効果的な実現のため,関係する人材や組織の役割分担や計画全体を推進していく管理の仕組み等の推進体制を検討する。各種方策の総合的推進の観点から,他分野との連携も検討する。

5. 観光計画に関わる人・組織と役割

策定,実践,評価の三つの観点から,観光計画に関わる人・組織(行政と民間の個人,企業,組織)とその役割について概説する。

(1) 策定に関わる人・組織と役割
1) 策定に関わる人・組織の構成と役割

観光計画の策定に参加する人・組織は下記のように例示され,計画の策定主体と検討に加わる人・組織に大別される。策定主体の中に事務局が置かれ,策定作業を担う人々(部局の担当者,外部からのプランナー等)がいる。

①計画の策定主体

計画の策定主体とは,計画を策定して実施することに責任を負う主体(組織,部署,人)である。地域の観光計画においては,都道府県や市町村といった自治体が策定主体となる場合が多い。自治体が策定主体となる場合は,形式的には首長

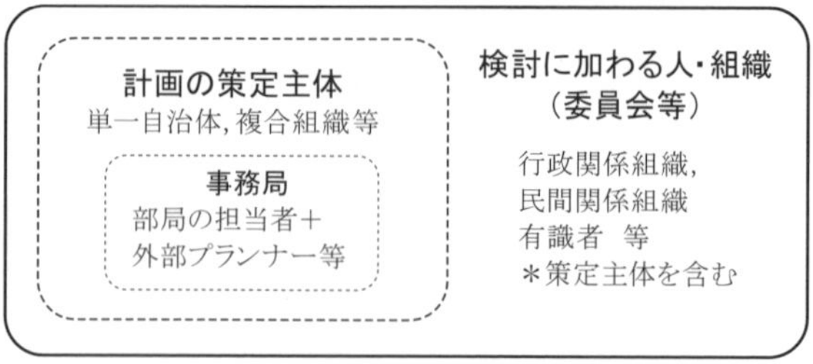

図 2-17 観光計画の策定に関わる人・組織

(都道府県知事，市町村長）の名のもとに都道府県や市町村が策定主体となり，実質的な策定は行政内の担当部局（観光部局等）が中心となる。都道府県や市町村の管内を対象とした一般的な観光計画では観光部局（観光課等）が策定の中心（事務局）を担う。地方や広域圏の観光計画など自治体間の連携・調整が必要な場合や特定のプロジェクトを推進する計画などでは，企画部局（都道府県または市町村の企画課等）が事務局となることもある。

計画の対象地域の範囲が複数の自治体にまたがる場合は，複数の自治体（複数の県，複数の市町村，県と市町村など）が協同組織（協議会等）を結成して策定主体となる場合もある。また，国の直轄事業が主要事業となる場合（国立施設整備，河川事業，港湾事業等）には，国が策定主体となることもある。

また，民間の役割が重要な位置づけにある場合には，自治体と民間（業界団体，企業等）の協同組織あるいは民間のみが策定主体となることもある。

②計画の検討（協議・合意形成）に参加する人・組織

計画の内容を議論し合意を図るためには，地域の観光に関わりをもつ主要な人・組織の参加が不可欠である。このため，多くの場合，観光関連団体の代表者，主要観光事業者，あるいは地域の観光に造詣の深い有識者（個人）などが参加して検討委員会などが組織され，議論が展開される。

行政では，策定作業を担当する観光部局（実質的な策定主体）のほか，地域整備，産業振興，教育・文化，福祉等の主要な関係部局が検討に参加する（一般的には部局の長が参加）。また，上位官庁や下位官庁の主要関連部局（観光，産業，交通，文化等）が参加する場合もある。

行政以外では，観光関連団体（旅館組合，飲食店組合等），主要観光事業者，関連産業団体（商工会議所，農協，漁協等），その他の地域内組織（自治会，青年団，婦人会等）などの代表者が参加する。さらに，委員会とは別に住民検討会などを開催して，一般住民が参加する機会を設ける場合もある。

③計画の策定作業を担う人々（事務局）

観光計画の策定は，計画案の作成や会議の運営などの策定作業を行う人々が中心となって進められていく。全体の体制の中では「事務局」と呼ばれるが，単に事

務処理を行うのではなく，実効性ある観光計画の策定を目指して策定全体を能動的にコントロールする重要な役割を担う。

　計画策定の事務局は，策定主体の中の担当部署（観光部局の計画担当等）に置かれ，数名の係員が構成員となる。複数の自治体が協同する場合は，主導的立場の自治体等が事務局を引き受け，他の自治体から構成員が派遣される場合もある。また，必要に応じて外部のプランナー（観光計画の専門家，大学の研究者等）が事務局に加わり，技術面，実務面でサポートする。

　一般に，行政において観光計画を担当するのは，都道府県や市町村の観光部局の係（観光課計画担当等）である。その担当者が観光計画の策定経験があることは稀で，多くの場合は計画の未経験者である。このため，後述の専門プランナーの協力が必要である。また，観光を主要政策に位置づける自治体においては，恒常的な計画担当の配置と人材の育成，さらには，計画担当者の在任期間を長期（5年程度以上）とすることが望まれる。

2）観光計画のプランナーの役割

　プランナーは観光計画のプランニングの専門技術を習得した人材であり，観光計画の策定作業の主要な部分を担う。策定主体の担当部署に所属することが望ましいが，策定主体が行政の場合はこのような人材の確保は現状では困難であり，外部から参加する（策定作業を外部機関へ委託する）ことが多い。

　外部からプランナーが参加する場合は，1年間ないし2年間の委託契約を結び，主に現状の調査・分析と計画書の取りまとめ（冊子とするまで）の作業を分担する。このとき，策定主体の担当者は，策定作業の進行管理や関係者との連絡・調整など地域内や行政内の調整役となるなど，外部からのプランナーと適切な役割分担を行うことが望ましい。なお，外部からのプランナーは，担当者が行う進行管理や連絡・調整について的確なアドバイスを行う必要がある。

　プランナーに期待される最も重要な役割は，地域の状況に即した"望ましいプランニング"（必要な調査・分析，検討すべき事項，策定作業の進め方等）を提示することである。プランナー個人の興味として得意とする分析手法を適応したり，他地域の策定事例をそのまま当てはめたりするのではなく，対象地域の観光の実態や

関係者の状況等からその地域に最も相応しいプランニングを組み立て，実効性の高い観光計画へと導くことが重要である。

　また，外部から参加するプランナーには「外からの目」が期待される。観光資源について全国的な水準から適切に評価して可能性を指摘することや，地域の人々が気付いていない魅力を拾い上げるなど，広い視野から地域の観光の可能性と問題点を指摘することが求められる。

　外部からプランナーが参加する場合，前述のように，調査・分析と計画書の取りまとめが主な分担となるが，近年の観光計画においては，関係者の調整と合意形成及び計画の進行管理に対してノウハウを提供することの重要性が高まっている。観光計画の成否は実践があってはじめて評価されるものであり，計画書だけでは評価できない。実践を見据えてプランニングを行うとともに，計画の進行管理に積極的に関わっていくことがプランナーに求められる。

(2) 実践に関わる人・組織と役割

　観光計画は，策定主体の担当部局（行政の場合は観光部局または特定の事業担当部局）を中心に，行政内の関連部局，関連民間事業者あるいは組織などが一体となって実践していくものである。

1) 行政の観光部局

　行政の観光部局（都道府県や市町村の観光課等）は，観光計画の主要方策を実施する（事業主体となる）とともに，他の部局や民間事業者が実施する方策について協力または調整を行う。

　一般的な観光部局は誘客・宣伝や情報関連等のソフト対策を中心に実施することが多く予算も限定的であるため，観光計画が総合的である場合（地域全体を対象とした観光計画等）は観光部局が事業主体となる比率は高くはない。このため，他部局や民間事業者との調整役が観光部局の重要な役割となる。

　誘客・宣伝など特定の方策を中心とした観光計画では，観光部局が事業主体の中心となることがある。近年の観光計画には，観光部局が事業主体となることができる方策を中心に計画を取りまとめるものもある（総合的ではなく観光の部門計画

となる)。こうした観光計画では，観光部局が他部局との調整役として機能する役割は低くなり，総合的な観光振興の推進が懸念される。

2) 行政の他部局

行政の観光以外の部局は，一般的には，事業主体として観光関連の方策の実現化に関わる。交通，産業，文化等の関連部局（建設，農林漁業，商工業，教育・文化等）は観光と直接的に結びつく事業も多く，観光部局と連携して地域の観光振興策の実践に取り組む中心的な役割を担う。このほか，供給処理，防災，環境保全等の地域の基盤を分担する部局（上下水道，環境，消防・防災等）は，観光においても基盤を支える重要な役割を担う。例えば，環境保全に関連する部局は，快適な環境を来訪者に提供するという役割とともに，自然保護や公害防止等の観点から過度な観光利用を規制・誘導する役割を担っている。

一般に，観光以外の行政部局においては観光に対する意識が低い傾向にあり，同じ自治体内であっても観光部局と他の部局との連携が容易ではないことがある。特に，市町村が上位官庁（都道府県，国）の他部局に協力を得ようとする場合は，困難が多いようである。このため，観光計画の策定段階から想定される他部局の参加を要請するなど，合意と協力を得るための努力が必要である。

3) 観光関連の民間事業者（個人・企業・団体）

観光関連の民間事業者（宿泊業，飲食業，小売業，観光関連サービス業等の個人事業者，企業，団体）は観光者に直接に接する人々であり，観光計画の実践において中心的な役割を担う。民間事業はもとより，行政が費用を負担する方策においても，実践のための人材やノウハウの多くを分担する。行政と連携する場合は観光関連団体（観光協会，同業者組合，観光地の自治会等）として実践に加わることが多く，その他の民間事業は個人・企業として実践する。

観光計画は地域の観光の全体を望ましい方向へ導くものであるが，民間事業者にとっては利害が対立する場合もある。計画の策定時には反対がなくても，実践の段階で強い反対があり事業が成功しないケースも多くある。こうした問題が生じないよう，観光計画の策定段階で可能な限り反対意見をくみ上げ，実践時には反対者が出ないようにすることが望ましい。また，実践を通して反対者に理解を求める

ことも重要である。

4）観光関連以外の民間事業者（個人・企業・団体）

直接的な観光関連以外の民間事業者（農林漁業，鉱工業，流通業，卸売業，医療，福祉等の個人事業者，企業，団体）は，主に間接的に観光を支援する役割を担う。農林漁業や食品製造業などは観光者へ提供する食材や土産品等を扱うことがあり，観光関連事業者に含めることが望ましい地域もある。

観光関連以外の民間事業者の観光への参加は，異業種交流により従来の閉鎖的な観光業を活性化させるほか，新しいスタイルの観光サービスを生み出す可能性がある。観光計画に他業種の事業者の適切な参加を盛り込み，実践の役割分担が効果的に果たされることが期待される。

5）一般住民

観光業や行政に属さない（経営者や従業員・職員ではない）一般の住民についても，観光計画の実践においては役割を分担する。最も一般的な役割は，地域の観光を理解し，住民として温かく観光者を迎え入れる"もてなしの心"を持って行動することである。具体的には，観光者と接した際の対応（笑顔で挨拶等）や住宅の回りを美しく保つことなどがある。

一般的な観光計画に盛り込まれる方策に，"住民のもてなしの心を育む"といったものがある。この方策では，住民は実践者ではなく方策の「対象者」である。住民への対応から一歩進んで，一般住民も実践者として参加する方策が重要である。これにより住民の主体性が生まれ，観光地の一員として自ら実践することが期待される。

（3）評価に関わる人・組織と役割

公共事業や民間の収益事業の評価（事業単体の経済評価が中心）は一般的になっているものの，観光計画全体の評価を実施する地域は非常に少ない状況である。今後の観光計画では，策定主体・組織，観光関連事業者，住民等がそれぞれの立場から結果を評価し，次の観光計画に反映されることが望ましい。

1）策定主体・策定組織による評価

　観光計画の策定主体は，個別の方策と計画全体の評価を行う必要がある。具体的には，プランに盛り込まれた方策がスケジュール通り実施され期待した成果が得られたかを確認し，目標に照らし合わせて達成度を評価するなどである。策定主体が行政の場合は，策定と同様に観光部局が評価の担当者となり，観光部局内，行政他部局，民間のそれぞれの評価結果を集約する必要がある。

　策定主体による実践結果の評価は毎年度実施されるもので，評価作業の担当者には適切に評価を行うノウハウが必要である。このため，行政の観光部局には，観光計画の策定と評価を一体的に扱う計画担当の設置が求められ，恒常的な部署（計画係等）と位置付けられることが望ましい。

　一方，策定時に組織された検討体制（委員会等）についても，計画の検討に参加した経験を活かして結果の評価に参加することが望まれる。具体的には，観光担当部局が集約する方策の評価資料を委員会等の構成員がそれぞれの立場から判定し，一般に公開することなどが想定される。

2）観光関連事業者による評価

　観光関連事業者（個人，企業，団体）は，観光計画の方策が実践された後に収益が上がれば「観光計画は効果があった」と評価し，収益が上がらなければ「観光計画は効果がなかった」と評価する。

　このような観光関連事業者の評価は，観光による地域の経済振興の観点から有益な評価であるが，行政の観光計画ではこれらを十分に受け止めているとは言えない。地域の観光関連事業者が参加した観光計画を策定・運用していくためにも，観光関連事業者の評価が反映される仕組みとすることが望まれる。

3）一般住民による評価

　地域の住民のうち観光関連事業者（従業員を含む）や行政に属さない一般住民も観光計画を評価する重要な存在であり，"地域全体にとって有益な方策が実施されたか"どうかについて，中立の立場から評価することが期待される。

　近年の観光計画では，観光業等の経済面だけでなく，情報や交流等の文化面での地域への波及効果が重要な要素になっていることから，一般住民の評価を有効

に活用する仕組みとすることが望まれる。

（4）観光への関わりの深浅

　地域の観光では関わる人が重要な要素であり，観光計画においてどの範囲の人や組織を考慮するかが重要になる。

　表 2-10 に示すように，地域の観光に最も関わりが深いのは地域内の観光事業者（従業員含む）であるが，このほかに直接・間接に関連する農業，卸売業，サービス業等の事業者があり，どのような範囲の産業が関係するかを考慮する必要がある。また，本社が地域内にはないなど地域外から参入する事業者があるほか，交通業や宿泊業では観光者を扱う割合に違いがある（都市部のタクシーやビジネスホテル等では観光者の割合が低い）など，業種以外の要素も考慮する必要がある。

　事業者のほか一般住民も重要な関係者であり，今後の観光計画では，観光者・観光事業者と並んで扱われる必要がある。

　一方，行政については，観光部局のほかに，自然環境，商業，農林水産業，建設，教育・文化財等の部局が直接的な関係が想定される。地域によっては，福祉，生涯学習，安全・防災といった部門も関係することがあり，観光計画の策定時に十分な調整が必要である。

表 2-10　人・組織の観光への関わりの深浅（例）＊地域により異なる

区分	観光との関わりが深い	中間	通常は関わりが浅い
事業者 生産者	宿泊業(温泉旅館等) 小売業(土産品店等) 飲食業(観光者向け) レジャー施設，旅行業 等	宿泊業(シティホテル等) 一般飲食業，一般小売業 旅客輸送業(バス，タクシー等) 農林水産業 等	宿泊業(ビジネスホテル等) 卸売業，貨物輸送業 製造業，建設業 一般サービス業 等
住民	経営者の家族，従業員 等	観光地に居住する一般住民	その他の一般住民
行政	観光部局，商業部局 自然環境部局 等	農林水産部局 自然・文化財関連部局	福祉・医療・学校教育・ 安全・防災等の部局

6. 観光計画のタイプ別の特徴

観光計画には様々なタイプがあるが，ここでは，計画の対象地域の範囲と実現化の段階の観点からタイプと特徴を整理した。

(1) 対象地域によるタイプ別の特徴

観光計画の対象地域について表2-11の①から⑧のように区分し，プランとプランニングのそれぞれについて特徴を示した。

1) プランの特徴

観光計画の対象地域の広がりからみたプランの特徴は，表2-11及び2-12のように整理される。全体的な傾向として，観光地点から市町村までは対象の範囲が

表 2-11　観光計画の対象地域によるプランの特徴1（策定主体と目的）

対象地域	策定主体	観光計画の目的(例)
①観光地点(施設)	地元の関係者(企業・組織等)対象地域を所管する行政(市町村，都道府県，国*1，またはそれらの共同体*2)	観光利用の拡大や利便性の向上，または，環境と調和した適正利用を図る。
②観光地区		地域の中心的な観光拠点として，環境と調和した観光利用の充実または再生を図る。
③観光地		地区ごとの個性ある魅力づくりとネットワーク化(交通，情報等)により，1日または数日を過ごす拠点として観光地全体の充実を図る。
④市町村	市町村(行政)・観光担当部局が策定作業の事務局を担当	市町村内の各種資源や人材等を活かして，観光地ごとの個性ある魅力づくりとこれらのネットワーク化を進めるなど，市町村全体の観光振興を図る。
⑤広域(複数市町村)	複数の市町村(行政)の共同体・都道府県(行政)が加わる場合もある。	広域としての認知度向上や各観光地の均衡ある発展のため，広域内の複数の市町村が連携・協力して，効率的で効果的な観光振興を図る。
⑥都道府県	都道府県(行政)	代表的な観光地の拠点機能を充実するとともに，各観光地の個性ある魅力づくりとネットワーク化等を支援し，都道府県全体の観光振興を図る。
⑦地方(複数都道府県)	複数の都道府県(行政)の共同体または国(地方運輸局等)	地方としての認知度向上や各観光地の均衡ある発展のため，複数の都道府県が連携・協力して，効率的で効果的な観光振興を図る。
⑧全国	国(国土交通省)	国全体として観光振興を進める。※「観光立国推進基本計画」が該当する。

*1：国立公園集団施設地区，河川，港湾等では，都道府県または国が策定主体となることがある。
*2：観光地が複数の市町村にまたがる場合は，複数の市町村の共同体が策定主体となることがある。

広がるに従ってプランの内容は総合的になる（方策の部門が多くなる）が，市町村を越えるとプランの内容は限定されたものとなる場合もある。

観光地点，観光地区，観光地を対象とした観光計画は，対象地域の重要性が高い場合に特別に策定されることが多い。また，行政が特定の事業制度（伝統的建造物群保存地区制度，自然公園集団施設地区整備等）を実施するために対象

表 2-12 観光計画の対象地域によるプランの特徴 2（名称と内容）

対象地域	観光計画の名称例	プランの内容
①観光地点 （施設）	観光地点○○整備基本計画 観光地点○○整備事業計画	一体的な観光対象について，観光資源の保全，利用関連施設（展望，回遊，体験，展示等）・利便施設（交通，休息，情報等）・各種サービスの充実から管理・運営まで具体的な内容を示す。
②観光地区	○○地区観光基本計画 ○○地区観光実施計画 ○○地区観光アクションプラン	一つの明確な方針のもとに，核となる方策（拠点施設，集客イベント等）とそれを補完する方策（関連施設整備，誘客・宣伝，運営等）を示す。
③観光地	観光地○○振興プラン 観光地○○整備基本計画 観光地○○整備実施計画	魅力向上のための重点方策を中心に，観光地に必要な各種機能の充実（施設整備とソフト対策），人材育成，観光地運営等各部門にわたる総合的な方策を示す。
④市町村	○○市観光ビジョン ○○市観光基本計画 ○○市観光振興実施計画 ○○市観光アクションプラン	市町村全体からみた基本的な方向性と観光振興に必要な各種方策を示す。施設整備とソフト対策の全般にわたる。網羅的・総花的な場合もある。 ※ 地区別または観光地別に具体化したプランを含む場合がある。
⑤広域 （複数市町村）	○○広域観光圏基本計画 ○○広域市町村観光振興計画	観光地間のネットワーク化（交通，情報等），誘客・宣伝等に関する連携方策を中心に示す。個々の観光地については構成市町村のプランを尊重する場合が多い。
⑥都道府県	○○県観光ビジョン ○○県観光基本計画 ○○県観光振興実施計画 ○○県観光アクションプラン	都道府県としての観光振興の基本的な方向性と必要な各種方策を示す。都道府県が事業主体となる方策を中心とし，個々の観光地については市町村等のプランを尊重し支援する。
⑦地方 （複数都道府県）	○○地方観光基本計画 ○○広域観光周遊ルート形成計画	複数の都道府県にまたがる観光地間のネットワーク化，誘客・宣伝，情報提供等に関する連携方策を中心に示す。個別の観光地の振興については言及しないこともある。 ※ 国の基本計画の地方版として策定される計画では，国が推進する方策を中心とする。
⑧全国	観光立国推進基本計画	政府が総合的かつ計画的に講ずべき施策について示している。国際観光の振興（外国人観光客の増加等）に重点が置かれている。

この表に示すプランの特徴は典型的な例を示したもので，これ以外の特徴も存在する。

地域を限定して策定する計画も観光計画と同等の計画となる。これらの計画では方策の実現化が主要テーマとなり、プランの内容は具体性が高くなる。

　対象地域が市町村になると、観光部門の総合計画としての性格が明確になり、市町村全体の観光資源や観光利用等に関する調査・分析の結果とともに、将来の観光のあり方とハード・ソフトの各部門にわたる方策が整理される。

　対象地域が広域になると、複数の市町村や都道府県が協力して観光振興を進めることが主要なテーマとなり、プランの内容は連携方策が中心となる。

　対象地域が都道府県の場合は、市町村の計画と類似した総合的な計画となるが、策定主体が都道府県となることから、都道府県が実施する観光振興策（施設整備、ソフト対策）が重点として位置付けられる。個々の観光地については、原則として市町村の振興策を尊重して位置づけるものが多い。

　対象地域が地方（複数の都道府県）の場合は広域（複数市町村）と類似した性格をもち、複数の都道府県が連携した方策を打ち出すプランとなる。地方レベルの計画例としては「広域観光周遊ルート形成計画」（観光庁の広域観光周遊ルート形成促進事業に基づき認定を受ける計画）があり、複数の都道府県にまたがる魅力ある観光地のネットワーク化を図るとしている。

　最も広い範囲を扱う計画は全国計画で、国の「観光立国推進基本計画」がこれに該当する。この計画は国レベルの政策を示し、また、国際観光の比重が高いことなどから、一般的な観光計画とは性格が異なる。

2）プランニングの特徴

　観光計画のプランニングの特徴は表 2-13 のように整理され、全体的な傾向として、観光地点から観光地までは方策を具体化するための作業が重要であり、市町村以上の範囲では多様な方策を調整し総合化する作業が重要になる。

　観光地点、観光地区、観光地を対象とした観光計画では中心となる方策（特定の施設整備、イベント、誘客・宣伝等）が特定され、その方策に関して内容を具体化し、さらに、関係者の合意を得ることがプランニングの重要な作業となる。内容の具体化では、規模や実施内容、整備イメージ、概算費用等を検討し、実現化の合意が得られれば、財源確保（行政の事業制度の適用等）や実施スケジュール（数

第2章 観光計画の概念と構造　95

表 2-13 観光計画の対象地域によるプランニングの特徴

タイプ(対象地域)	作業の主要項目	プランニングの特徴
①観光地点 ②観光地区 ③観光地	・基礎調査(資源・利用の実態，関係者の意向 等) ・重点事業(整備内容，事業費，財源，施設運営 等)	・重点とする方策の実現化のため，実施内容と事業化の方法を詰めるとともに関係者の合意を図る。 ・方策の具体化が専門的となる場合(施設整備等)は，策定作業の全体を外部の専門機関へ委託することが多い。 ・行政が策定主体で重要な方策の場合，主要な関係者・組織の大半が参加する委員会が設置されることがある。 ・区域内の住民の意見を直接的に反映する機会として懇談会やワークショップ等が設けられることがある。
④市町村	・基礎調査(現況) ・全体の課題 ・達成目標(全体) ・目標実現の方針 ・ゾーニング ・方策の体系 ・重点事業 ・個別方策 等	・地域の観光を分析・評価するための基礎調査を実施し，また，地元関係者から広く意見を聴取する。全住民を対象に意識調査(アンケート調査)を実施することもある。 ・行政内の関係各部局，主な民間事業者，住民代表等による委員会を設置して進められる。上位官庁(都道府県，国)が参加することもある。 ・基礎調査と計画案の取りまとめ作業は，外部の専門機関に委託されることがある。
⑤広域 (複数市町村)	・基礎調査(広域観光，観光地別等) ・広域の課題 ・広域の振興方針 ・観光ルート ・ネットワーク化 　(交通網，情報等) ・連携方策 等	・各市町村の観光振興策を整理したうえで，広域連携が望ましい方策(交通対策，誘客・宣伝等)を中心に検討する。 ・広域の市町村がまとまることで，上位官庁(都道府県，国)等への要請を強くアピールすることもある。 ・各市町村の観光担当部局を中心に，必要に応じて行政の関連部局(交通，産業，文化等)または主要民間事業者等を交えた協議の場が設定される。上位官庁(都道府県，国)が参加することもある。
⑥都道府県	・基礎調査(現況) ・全体の課題 ・達成目標(全体) ・目標実現の方針 ・ゾーニング ・方策の体系 ・重点事業 ・地域別方針 等	・都道府県全体の観光を分析・評価するため観光地の実態調査や市場調査等の基礎調査を実施し，また，主要な関係者(県内市町村，主要観光関連組織等)から意見を聴取する。 ・行政内の関係各部局と主な関係者(代表的観光地の市町村や事業者，有識者等)による委員会を設置して進められる。上位官庁(国)が参加することもある。 ・基礎調査と計画案の取りまとめ作業は，外部の専門機関に委託されることがある。
⑦地方 (複数都道府県)	・地方のテーマ ・観光ルート ・ネットワーク化 　(交通網，情報等) ・連携方策 等	・各都道府県の観光振興策を整理したうえで，地方連携が望ましい方策(交通対策，誘客・宣伝等)を中心に検討する。 ・必要に応じて官民の関係者(観光事業者，交通，産業，文化等)を交えた協議の場が設定される。 ・国が策定する場合は地方交通審議会の答申による。
⑧全国	・政府としての方策	・策定の手続きとして，「国土交通大臣が交通政策審議会の意見を聞いて閣議決定」する。(観光立国推進基本法より)

この表に示すプランの特徴は典型的な例を示したもので，これ以外の特徴も存在する。

年間の予定）までも検討する。これらの作業は内容が専門的になるため，外部の専門機関へ委託されることが多い。合意に関しては，なるべく多くの関係者（できれば全員）の意向を聴取することや関係者同士の議論の機会を何回も設けるなど，確実な合意を目指して作業を進める。合意に関する作業は，策定主体（行政等）の担当者が主な役割を担うことが多い。

　対象地域が市町村の場合，観光計画は行政・民間の各種方策が含まれる総合的な計画となり，プランニングにおいては様々な方策を調整・総合化（合意形成を含む）する作業が重要になる。また，観光計画が5年程度以上の中・長期計画の場合は，観光地としての特性や利用実態等を精査する基礎調査や，将来のあり方等を検討する作業も重要になる。このような調査・検討や関係者の調整等は専門的技能を有する複数のスタッフが必要であり，一部（あるいは大半）の作業が外部の専門機関へ委託されることがある。

　対象地域が市町村を越え地方（複数都道府県）までの場合は，関係する自治体等による連携が計画の主眼となり，プランニングにおいては連携方策の立案と関係者の調整・合意に関する作業が重要になる。周遊観光などの広域的な観光利用を促進する方策の立案など，市町村までの範囲とは異なった観点での検討が求められる。このとき，自治体間の調整と合意形成については，行政内の担当者が担うことが多い。

(2) 実現化の段階によるタイプ別の特徴

　実現化の三つの段階の計画（基本構想，基本計画，実施計画）に事業計画（一つまたは一組の事業を具体化した計画）を加えた四つのタイプ（表2-14）について，プランとプランニングの特徴を示した。

1) プランの特徴

　実現化の段階からみたプランの特徴は表2-15のように整理され，基本構想と基本計画では観光地としての方向性や将来目標等の考え方や方針が中心となり，実施計画や事業計画では個々の方策が具体化される（実施する内容，時期，事業主体，財源等が示される）。

表 2-14 実現化の段階によるタイプ区分

タイプ(段階)	計画期間	方策の具体化	施設整備の場合の表現例
①基本構想 (構想計画)	長期(10年以上) ※ 期間を定めないこともある	ごく粗い (柱が中心)	日本一の○○を展開
②基本計画	中期(5年程度) ※ 10年程度までのものもある	粗い (体系の全体)	○千人収容の観光施設を整備
③実施計画	短期(1〜3年程度) (ローリング計画*等)	詳細 (一部の方策)	○階建て，床面積○万㎡， 費用○○億円，財源○○補助制度
④事業計画	短期(1年程度) ※ 毎年度の計画を数年間 　続けることもある	より詳細 (一組の事業)	初年度：用地確保，基礎工事 2年度：施設建設，周辺整備 3年度：○月供用開始

「ローリング計画」は，毎年度見直しを行いながら継続する計画。

　基本構想では，観光振興の理念，将来のビジョン（理想的なあり方等），方策の柱（大綱）などが示される。この計画は，地域の人々が実現に向けて協力するための指針の役割を果たすもので，比較的ボリュームは少なく分かりやすい表現で取りまとめられる。また，理念やビジョンの根拠となる現状分析の結果等についても含まれることが多い。

　基本計画では，計画期間内に達成する具体的な目標と，目標を実現するための公共・民間の様々な方策が示される。対象地域が市町村及びそれ以上の場合は，方策の考え方が示されたうえで個別方策を列挙する（事業主体と事業名を示す）などの整理が一般的で，個別方策の具体的内容が示されることは少ない。一方，対象地域が観光地以下の場合は，個別方策の具体的な内容が示される。例えば，観光施設の整備では，整備場所，事業主体，概略規模，概算費用，外観イメージ等が示される。

　実施計画（アクションプランを含む）と事業計画では，毎年の実施内容が具体的に示される。一般的な実施計画では対象地域で実施される各種方策をまとめた実施スケジュール等が示され，事業計画では個別または一組の事業について具体的な実施内容（行動内容）が示される。行政が策定主体の場合は，実施計画は観光担当部局が取りまとめる全体の計画（例：○○市観光振興実施計画）となり，事業計画は事業主体となる部局が個別に策定する。

表 2-15　観光計画の実現化の段階によるプランの特徴

タイプ (実現化の段階)	観光計画の名称例	プランの主な内容
基本構想 (長期)	観光振興基本構想 観光基本構想 観光振興構想 観光ビジョン 21世紀観光プラン　等	・地域の観光の望ましい将来像(大きな目標)を描き,そこへ向けての基本的な道筋(方針,戦略)を示す。 ・将来像や基本方針の前提として関係者の共通認識となるよう,観光の現状分析やポテンシャル評価等を示す。 ・方策については,実施されることが望ましい方策の柱(大綱)と柱ごとの考え方等を示す。個別方策の具体的な内容については言及せず,大枠で位置づけることに意味をもたせることが多い。
基本計画 (中期)	観光振興基本計画 観光基本計画 観光振興計画 観光推進計画 観光づくり基本計画 観光振興プラン　等	・基本構想で示す将来像の実現に向けて,計画期間終了年までに達成する目標を設定し,目標達成のための基本方針(基本戦略)と具体的な方策,プロセス等を示す。 ・目標は定性的目標(将来像等)と定量的(数値)目標(入込客数,消費額等)があり,実現可能な目標を設定する。 ・方策は,計画期間中に実施する個別方策を体系的(柱に対応)に示し,役割分担(事業主体の分類)や想定する実施年次等の実現化方策についても明示する。
実施計画 (短期) (3年程度)	観光振興実施計画 観光実施計画 観光実施プラン 観光アクション・プラン　等 ※アクション・プランと称する計画の中には基本計画レベルの計画もある。	・基本計画に示す方策について,事業主体,財源,実施年次を確定し,計画期間内の年度毎の実施スケジュールを示す。行政の場合は,3箇年のローリング計画(毎年見直しを行う計画)とすることが多い。 ・地域全体の達成目標と方策別(または事業別)の成果の目標を設定する。また,計画期間の目標とともに,各年度の目標を設定することもある。方策別の目標は,客観的な判断ができるよう数値目標(評価指標)が多い。 ・ローリング計画では,各年度の目標の達成状況等により,次年度以降の計画の内容が調整される。
事業計画 (単年〜複数年)	観光事業推進計画 観光施設整備事業計画 ○年度○○実施計画　等	・原則として,一組(一つ)の方策について,年次別の詳細な実施内容と期待する成果を示す。1年間だけの計画や数年間継続する計画もある。 ・関係者や住民等への周知が必要な場合は,施設完成イメージやイベント開催イメージ等の具体例を盛り込む。 ・観光部局以外の事業の計画であることもある。

この表に示すプランの特徴は典型的な例を示したもので,これ以外の特徴も存在する。

ここで,「アクションプラン(行動計画)」と名付けられた計画は,実施計画に属するものが多いと思われるが(基本計画レベルのプランもある),短期(1年から3年程度)の目標とこれに対応した事業を示し,実施後の成果の評価を適切に行うことを明示した計画である。継続する計画においては,前計画の評価結果が盛り込まれることもある。

2) プランニングの特徴

　実現化の段階からみたプランニングの特徴は表 2-16 のように整理され，基本構想と基本計画では総合的な取りまとめと総論についての関係者の合意形成が主要な作業となり，実施計画と事業計画では個別方策の具体化と各論の合意形成が主要な作業となる。これらは，プランの特徴に対応している。

　基本構想のプランニングでは，地域の観光地としての特性を分析・評価して，将来の目標や方針を設定する作業が重要になる。このため，観光地の現状に関する調査・分析や，社会状況・市場動向等を踏まえた将来の見通しなどの専門的な作業が必要になり，これら基礎調査を含めた策定作業は専門機関に委託されることが多い。また，目標や方針等の総論が地域の人々に認知・合意される必要があり，議論の機会を設けるなど合意形成の作業が重要になる。

　基本計画のプランニングでは，具体的な目標設定と目標実現のための方策の総合化が重要な作業になる。目標は計画期間内に達成する量的（数値）・質的な目標であり，実現性の高い目標設定が必要であるが，努力目標として数値を掲げる場合も多い。方策については，行政の関係機関（観光部局以外を含む）や主要民間事業者の関連方策を十分に把握し，効果的に実施されるよう調整する。以上の目標設定や方策の検討等は，専門機関へ委託されることがある。

　実施計画（アクションプランを含む）のプランニングは，実施された個々の事業の成果と前計画の目標達成状況を評価したうえで，実施内容や財源が確定した新規事業を整理・調整することが主な作業であり，行政の場合は担当部局（観光課等）の内部で行われることが多い。なお，アクションプランという名称の場合は，事業評価に重点があることを示している。

　事業計画のプランニングでは，特定の方策（観光施設整備，イベント開催等）について実施内容とスケジュールを詳細に検討する。最も精度の高い（細かい）プランニングである。方策によっては専門機関へ委託される。

　方策が具体化する際に"総論賛成，各論反対"という問題が生じることがあり，内容の具体化と関係者の合意を得る作業を同時に進める必要がある。この合意形成に関しては，策定主体の担当部局の役割が大きい。

表 2-16 観光計画の実現化の段階によるプランニングの特徴

タイプ (実現化の段階)	策定作業の主要項目	プランニングの特徴
基本構想 (長期)	・基礎調査 　(現状分析，意向調査等) ・将来像(大目標) ・基本方針(戦略) ・方策の柱(大綱) ・重点方策 ・基本的役割分担 等	・地域の観光振興の大方針に対する関係者の合意形成が重要事項であり，主要な関係者の意向の把握と意見の調整に配慮して策定作業を進める。 ・将来を見据えた発想により，地域の観光の新たな姿を描く必要があり，専門家の参加や地域住民の協議の場を設けるなど，多様な意見を取り込む。 ・地域の観光の将来像を打ち出すため，観光地の現状や住民の意向等の基本事項ついて分析を行う。
基本計画 (中期)	・観光の現状分析 ・観光関連方策の評価 ・達成目標(全体) ・目標実現の基本方針 ・方策の柱(大綱)と体系 ・重点事業 ・実施スケジュール ・事業化方策，役割分担	・観光の現状分析とともに実施済みの観光関連方策の事後評価等を行い，計画する方策に反映する。 ・目標年次までに達成する具体的な目標の設定のために需要予測等の計量的手法を用いるなど，各種の計画技術を駆使した策定作業を行う。 ・地域の観光振興に関連する公共・民間の各種方策の予定や意向を把握し，また新たな方策を提案して，目標実現に向けて全体が効果的に機能するよう方策を組み立てる。
実施計画 (短期) (1年から 3年程度)	・達成目標(全体，事業別) 　(目標年次及び各年) ・各年度に実施する事業の内容(事業の概要，事業主体，事業費，財源，等)	・実施された個々の事業の成果及び目標の達成状況を評価し，新たな目標を設定する。 ・個々の方策について実施内容を確定して事業化し(事業主体となる行政部局や民間事業者が行う)，これらを年度別にまとめて全体の計画とする。個々の事業の目標は事業主体が設定するが，全体の目標を達成するため調整を行う。 ・ローリング計画では，事業の進捗状況や次年度の予定等について定期的に事業主体から情報を入手して，年度ごとに事業の取りまとめを行う。 ・個々の事業は事業主体が事後評価を行い，計画全体については，観光部局が目標に照らし合わせた評価を行い，次期の計画へ反映する。
事業計画 (単年〜 複数年)	・各年度の事業内容または関係者の行動計画 　(規模，費用，完成イメージ，実施スケジュール等) 　(いつ，だれが，何を，どうやって等)	・一つの重要な方策(観光部局以外が事業主体となる事業を含む)について，具体的な事業内容を作成する。事業期間が複数年にわたる場合は，各年度の計画を作成する。 ・計画策定の担当者，事業実施の担当者，外部の専門機関等が協力し，適切な役割分担と実施時期，効果的な実施手順等を検討する。

この表に示すプランの特徴は典型的な例を示したもので，これ以外の特徴も存在する。

第3章　観光計画策定のプロセスと実践

　前章において，観光計画の基本的な概念と構造，及びタイプ別の特徴について整理した。本章ではさらに観光計画の策定事例を通じて，計画策定のプロセスと手順，合意形成，さらには計画の評価などの実践的な手法論について整理する。

1．観光計画策定の流れ

（1）全体の流れ

　観光計画の策定主体は，前章でも述べたように，公益性や継続性などの観点から行政もしくは観光推進組織であり，民間企業であることはまずない。あくまで観光振興を目指す地域としてのビジョンとそれを達成するための戦略，戦術を取りまとめるものであり，複数のステークホルダー（利害関係者）から構成される観光地であるからこそ，共通の目標としての観光計画を策定・共有する必要がある。むろん単独の民間企業による観光開発計画や観光施設の経営計画などはあるが，そうした単一の意志決定システムの中で策定される計画とは一線を画する。
　ここでは主に市町村レベルの基礎自治体が観光計画を策定する全体的な流れについて図3-1に沿って解説する。

（2）観光計画策定に至る背景・経緯
　観光計画の場合，法定計画は少ないため，策定に至る背景や経緯は，それぞれの地域や策定主体によって大きく異なる。高速交通機関が整備されることを契機に策定する場合や大きなイベントの開催に向けて策定する場合，急激な観光客の減少を迎えた場合など大別すれば，①さらなる維持・向上を図るために策定する場合と②将来の危機感から策定する場合とになる。また，そうした観光地を取り巻く環

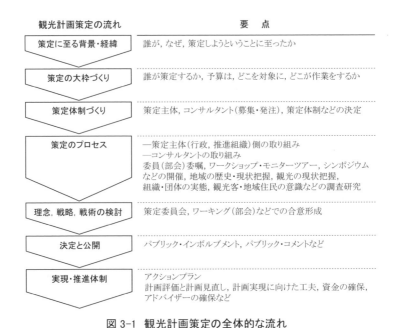

図 3-1 観光計画策定の全体的な流れ

境の変化を契機とする場合だけでなく，現実には政策的，政治的なタイミングで策定される場合もあり，政府や広域自治体の新しい方針に沿って策定される場合，首長が新しい政策として観光振興を取り入れる場合なども多い。

「誰が，なぜ，策定しようということに至ったか」は，計画の理念や内容に大きく影響するファクターと言え，プランナーを含めた計画策定関係者は正確に理解しておく必要がある。

(3) 観光計画策定の大枠づくり

観光計画策定の発意の次の段階では，「誰が策定するか，予算はどこが負担するか，どこを対象にするか，どこが計画策定作業をするか」を決定しなければならない。つまり，①策定主体，②予算，③計画対象地域，④計画策定体制である。

① 策定主体…計画策定の必要性に対する発意が，例え民間サイドから出た場合においても，通常，策定主体は基礎自治体，つまり市町村となるケースが多

い。策定の目的が当該市町村の地域活性化や観光産業の振興など公益的なものであることがその要因である。

② 予算…市町村の独自予算が組まれることが通常であるが，場合によっては国などの補助金を導入することや受益者である民間からの協力金・負担金と合わせて予算化されることもある。

③ 計画対象地…計画範囲は通常当該市町村となるが，観光計画の場合，観光者の行動を想定する必要があり，ある程度の広域性を考慮する必要がある。また，市町村の中には，複数の観光地が存在する場合が多く，具体的には温泉地があり，スキー場があり，歴史的な町並みがあり，自然風景地があるといったことである。従って，そうした複合的な観光地を抱える市町村の全体コンセプトを決めるのには困難が伴う場合が多い。

④ 計画策定体制…策定主体は市町村である場合が多いものの，策定体制は市町村単独という場合は少ない。通常は有識者や観光推進組織，主要な観光施設，まちづくり団体，農業など関連産業などの代表，一般市民などによって構成される「策定委員会」といった組織が設置される。この策定委員会は計画を決定する組織であり，具体的な計画内容を検討・協議する「ワーキング」などが設置されることも多い。市町村長が策定委員会などに計画策定について諮問し，策定委員会が市町村長に答申するという形を取ることもある。

　こうした全体の枠組みづくりからプランナーが関与し，アドバイスすることも少なくなく，これまでの経験・知見から当該地域で最も望ましい枠組みを提案してもらうことは当該市町村にとっても有益である。

（4）観光計画策定の体制づくり

　計画策定の大枠が決定したら，本格的な策定体制づくりが始まる。具体的には計画策定の関係者と役割分担を決める必要がある。

　策定主体である市町村の観光担当課は人数が限られており，また通常業務を抱えていることから，計画策定業務は通常業務以外の業務となる。従っていわゆる「直営」方式を採用する場合は少なく，コンサルタント（プランナー）に策定作業を

委託することは少なくない。

　コンサルタントは，総合シンクタンク系，専門シンクタンク系，旅行会社系，都市計画・まちづくり系，経営系，ランドスケープ系などがあり，策定の趣旨・目的に応じて適切なコンサルタントを選定する必要がある。通常は，公募・企画コンペ方式によって選定される場合が多い。一般競争入札によって決められる場合も少なくないが，金額だけで決める方式には課題も少なくない。最近では，大学が計画策定に参入するケースも増えて来ている。

　計画策定体制については，観光審議会といった条例に基づく常設の組織がある場合には，審議会に対して市町村長が諮問し，審議会が答申を出すということもあるが，通常は規約に基づく「策定委員会」が1〜2年程度の計画策定期間中に設置される。策定委員会の構成にも変化がみられ，以前は観光関連業界の代表が多数を占めていたが，近年では，観光まちづくり思想の影響や観光関連業界だけで策定することの限界（観光はまちづくり，地域づくりそのものであり，観光業界だけで進められるものではない）から一般市民を含む多様な人材の参画が不可欠となっている。例えば，当該市町村の特徴を適確に表現する地場産業の代表者や地元出身で一度都会に出て戻ってきたUターン者，地域に根ざした外国人などをメンバーとすることで，産業連携の重要性や供給側ではない消費者目線，外国人目線などの複合的な視点を確保しようとしている。特に女性の参画には観光客の立場に立った意見や生活者としてのアドバイスが期待される場合が多い。

(5) 観光計画の理念（コンセプト），戦略，戦術の検討

　計画策定体制が決定した後のプロセスとしては，計画内容を検討・協議することとなる。当然ながら，白紙で協議することはなく，通常はワーキング，あるいは部会と言われる策定委員会の下部組織において検討・協議し，その議論結果や成果を策定委員会でさらに審議するというステップとなる。ワーキングや策定委員会で何を協議テーマとするかは，策定主体である市町村とコンサルタント（いわゆる事務局）が周到に協議して決めていく。そのシナリオづくりが計画策定段階における合意形成の手法ということができ，経験とノウハウを必要とする領域である。

計画は通常,「理念」「戦略」「戦術」で構成される。理念は,コンセプトや目標とも換言でき,計画のバックボーンとなるものである。当該市町村の観光部門の計画として,5〜10年の計画期間に限らず,将来にわたって地域の目指す姿,つまりビジョンを提示するのが「理念」である。市町村としての理念,個別観光地レベルでの理念,これらをきちんと整合するよう形にしていく必要がある。

「戦略」は,理念の実現のために必要な基本的な考え方,基本方針であり,通常は5〜8程度の戦略が立てられる。「戦略」は複数の「戦術」によって構成されるが,戦術はいわゆる施策,プロジェクトとも換言できる。

これらを策定委員会,ワーキング(部会)で段取りを追って検討・協議されることとなるが,その進め方や使用する資料づくりがコンサルタントの重要な役割と言うことが出来る。通常は,策定委員会が3回程度/年,ワーキング(部会)が5〜6回程度/年であるが,これは策定主体の考え方や予算などによって差があり,策定委員会だけで20回を超えるという場合も存在する。

(6) 観光計画の決定と公開

前述の体制で策定された観光計画は,場合によっては議会の全員協議会に報告され,その意見を反映させたり,市町村長の意見を反映させたりと決定に至るプロセスは様々である。近年では,市民の意見を計画に反映させるため,パブリック・インボルブメント(PI)の手法が採用されることが増えて来ている。具体的には市町村のホームページで計画案をアップロードし,パブリックコメントという形で意見を募集する場合が多い。寄せられる意見は市町村によって,つまり観光に対する市民の意識によって差はあるが,比較的関心を持って受け止められる場合が多い。

計画案の決定は,策定委員会が策定主体であるため,最終的には委員長に一任することが多いが,実際には市町村の観光担当課が文言も含めて確定させることとなる。

確定した観光計画は,報告書として,あるいはその概要版として印刷され,関係者に配布される。またPDFファイルに変換されて市町村のホームページにおいて公開される場合もある。さらに広く計画内容を周知するために,公開セミナーやシン

ポジウムが開催されることもある。

(7) 観光計画に基づく実現・推進体制

　観光計画のタイプにもよるが，観光基本計画と実施計画（アクションプランという場合もある）を分離する場合がある。その場合は，前者の戦術・施策部分がそれほど具体的に記述せず，実施計画において詳述することとなる。実施計画はワーキングレベル，つまり実際に計画を実現に移して行く実施主体が参画して策定することが多く，行政や観光推進組織等の予算と連動させていくこととなる。

　そのため，実施計画はどうしても実現可能な事業，予算内で実施できる事業に片寄りがちで，本来実施すべき事業が後回しにされる傾向があることから，根本的な観光構造の改革には至らない場合があることに留意する必要がある。

　こうした観光計画，実施計画がどう実現されるかを監理していくことが重要であり，いわゆるPDCA方式を導入する計画が増えている。従来の観光計画は，法的な担保力（拘束力）がなく，いわゆる"絵に描いた餅"になることが少なくなかったが，こうした計画評価と計画見直しの方式が導入されることによって，計画実現に向けたプロセスが明らかとなる。こうした工夫が資金の確保，アドバイザーの確保などと同様に重要なファクターとなってきている。

　そうしたシステムを条例化している市町村もいくつか出始めており，観光立国推進基本法（観光立国推進基本計画）を参考にして，例えば，観光立町推進条例に基づく観光基本計画を策定するところもある。なお，都道府県においては，観光振興条例などを制定し，それに基づく観光基本計画づくりというシステムを採用しているところが近年では47都道府県のうち約半数にのぼっている。

2. 観光計画の基本的な策定手法

(1) 基本的なプロセス

　観光計画策定の標準的なプロセスを図3-2に例示した。このプロセスに沿って，

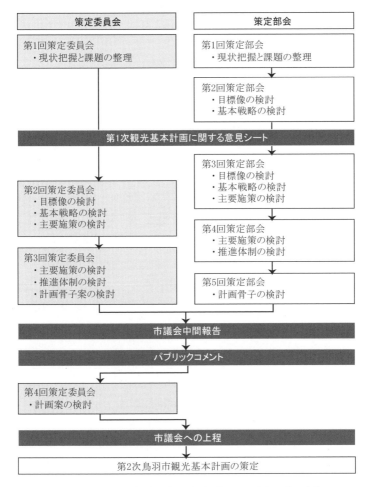

図 3-2　観光計画策定の標準的なプロセス〈鳥羽市の例〉
出典：「第2次鳥羽市観光基本計画」平成27年3月鳥羽市。

　基礎自治体が策定する場合を想定して，それぞれの段階におけるポイントを解説する。具体的な作業項目については，コンサルタント（プランナー）が企画案を作成し，発注者側の同意を得て実施に移されるケースが多い。作業項目，具体的な関連調査の内容や合意形成プロセスなどの確定は，観光計画策定の「計画技術」として重要な比重を占めることとなる。

1）計画条件の整理

前述のように観光計画策定の背景はケースによって様々であるが，いずれの場合も計画策定に際しての前提となる諸条件，すなわち計画条件を整理することが計画策定のスタート地点となる（図 3-3）。

一般的には上位計画や関連計画を整理し，これから策定する観光計画の相対的な位置づけを図 3-4 に示すように明確にする必要がある。

① 既存の観光計画

基礎自治体が策定する計画は概ね 10 年を計画期間として策定され，都度見直しがなされる。計画期間の終了とともに次期観光計画を策定する際には前・観光計画の内容を検証する必要がある。また，全く新規に観光計画を策定する際にも基礎自治体が取りまとめた観光計画に類する 提言や観光関連団体による計画類等を把握し，その内容について確認しておく必要がある。

② 都道府県レベル／広域レベルの観光計画

既存の観光計画が時系列の観点から踏まえるべき計画だとすると，空間序列の観点から踏まえておくべき上位計画が，都道府県レベルの観光計画である。当該市町村を含む都道府県レベルの観光計画の中で自地域がどのような位置づけをなされているか，あらためて確認することが必要である。

③ 市町村の総合計画

一方，取り扱う政策領域において上位計画に相当するのが当該市町村の総合計画である。観光計画は総合計画の部門別計画の一つとして策定されるケースも多い。総合計画において観光がどのような位置づけをされているかを押さえ，両計画の整合を図ることが重要である。また，観光以外の他の政策分野，特に観光と関連の深い農林水産業，商工業，都市計画，景観・環境等の分野については計画課題と課題解決に向けた政策提言の内容について把握しておく。

上記の関連計画等の内容を整理して計画条件を明確にするとともに，一方で以下に整理するように，当該観光地を取り巻く社会・経済的な外部環境の変化や観光

ニーズの将来動向，そして地域の現状分析を多面的に行い，計画課題を設定することとなる。

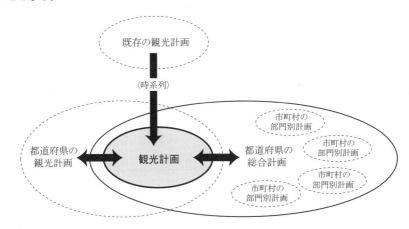

図 3-3 上位計画・関連計画との関係性

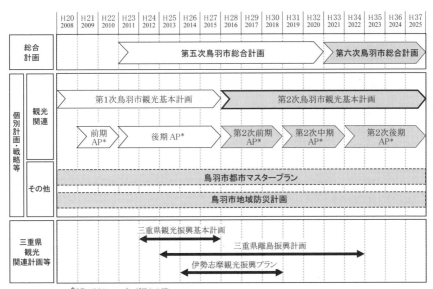

*AP：アクションプログラムの略

図 3-4 観光計画と上位計画・関連計画との関係—鳥羽市の例
出典：「第 2 次鳥羽市観光基本計画」平成 27 年 3 月鳥羽市。

2）外部環境の変化と観光ニーズの把握

　観光計画の策定や改定の要因ともなる外部環境の変化，具体的には高速交通体系の変化や国際的なイベントの開催に向けた計画的な対応が必要とされる場合などであるが，観光的にどのような変化がもたらされるかを予想することが重要である。

外部環境の変化を想定し策定された調査・計画の例
　北海道新幹線の開通を控えた『青森県観光基礎調査』
　東京スカイツリーの開業を控えた『台東区観光基本計画』
　市町村合併を踏まえた観光計画―喜多方市，由布市など多数

外部環境の変化を踏まえて10年後の姿をイメージした例
■わが国の人口構成
　・「人口減少社会」と急速な少子高齢化が進展。
　・特に北海道は，2005年から2035年の30年間に20％以上減と推計。
■国民の価値観
　・環境志向，節約志向，休暇の取り方等ライフスタイルにも変化が及ぶものと推察。
　・より一層の健康志向，安全・安心志向へ。
　・昭和の時代への想いや新しい和に対する志向，田舎生活に対するあこがれ，家族の絆やコミュニティへの愛着等の深化。
■北海道の交通体系と観光構造
　・道東自動車道の白糠IC〜阿寒IC〜釧路IC間の開通により，札幌―釧路間が4時間圏に。道央圏からの誘客が重要課題に。
　・高齢化や外国人の増加によって鉄道やバス等公共交通機関の重要性が高まる。
■道東の観光構造
　・道東の拠点都市（釧路市，北見市，網走市……）の人口減少と高齢化により，ローカル需要が減少。
■阿寒湖温泉の住民意識と構造
　・観光関連産業の低迷，高齢化と少子化により，定住人口は「自然増＜社会減」，「自然減＞社会増」のコミュニティに。

- 住民の構造は，経営者層（とその家族）＜幹部層（とその家族）＜従業員層（とその家族）＜単身世帯（若年労働者，年金受給者……）というピラミッド型になるが，定住意識は逆になる。
■阿寒湖温泉への観光客の姿と構造
- 日本人宿泊客は減少し，団体客から個人客へのシフトはさらに進むものと推察される。
- 外国人観光客は，社会経済状況による変動はあるが，長期的には増加傾向が想定される。

——「阿寒湖温泉・創生計画2020」平成23年8月より

3）現状分析と計画課題の設定

上位計画や関連計画の整理，外部環境や観光ニーズの変化を想定することでマクロな観点から当該自治体の観光に関する計画条件を明らかにしつつ，地域に関する個別データを積み重ねることでミクロな観点からの現状分析を行うことが，計画策定の具体的な作業のもう一つのスタート地点となる。

ここでは大きく①観光地としての地域特性と②観光地としての経営状況とに分け，地域の現状分析を行う際の主要な視点について紹介する（図3-5）。

①観光地としての地域特性

観光地としての地域特性としては，まず地域の個性・魅力を自然，歴史，人口，産業等の「地域特性」と観光資源，観光施設，観光インフラ，観光人材等の「観光特性」とに分けて捉えることになる。その上で，それら地域の個性・魅力に対する市場側，地域側それぞれにおける評価（前者では認知度や地域イメージ，後者では実体験に基づく満足度等），同じく地域の個性・魅力を観光に活かすための条件（地域が目指す方向性，各種活動組織等）を把握することになる。通常，ワーキングチームなどで徹底的に議論されて「その地域らしさ」が明確になる。例えば，図3-6は，鳥羽市の観光基本計画策定時にワーキングチームによって数回にわたり「鳥羽らしさとは何か」が議論され，その成果を鳥羽市の個性や特性，伸ばすべき芽としてポイントをプランナーが整理したものである。

地域住民だけでは，当該地域の特性や個性がなかなか見つけられないケースが

観光地の現状分析	観光地としての地域特性	地域の個性・魅力	・地域特性(自然, 歴史, 人口, 産業) ・観光特性(観光資源, 観光施設, 観光インフラ, 人材)
		地域の個性・魅力に対する評価	・市場側から見た観光地／観光資源評価 ・地域側から見た観光地／観光資源評価
		地域の個性・魅力を観光に生かす条件	・地域が目指す方向性 ・各種活動組織
	観光地としての経営状況	観光客の「量」と「質」	・観光客数(宿泊客数・日帰り客数) ・観光消費額 ・観光客満足度
		地域側の受入状況・持続性・地域への影響	・観光資源・観光施設の活用状況 ・観光経済波及効果 ・住民満足度 ・従業員満足度
		観光客受入の規模・容量	・別荘・コンドミニアム ・宿泊施設 ・飲食施設 ・駐車場

図 3-5　現状分析内容の区分

見受けられるが，外部の視点からプランナーが客観的に見出していくことも計画技術の一つとなる。

②観光地としての経営状況

　前述した「観光地としての地域特性」は比較的定性的な情報による部分が多いが，観光地としての経営状況を把握する上では数量データが欠かすことができない。大きくは「観光客の『質』と『量』」と「地域側の受入れ状況・持続性・地域への影響」とに分けられる。

　前者は宿泊・日帰り別の観光客数，観光消費額，観光客満足度等，後者は観光資源・観光施設の活用状況，観光経済波及効果，観光に対する住民満足度，観光関連産業の従業員満足度等を把握することとなる。

【参考：観光地の経営状況を把握するための指標】

　観光地の経営状況を把握するための標準的な指標として次の7つが挙げられる。

1) 観光客数（宿泊客数・日帰り客数）
2) 観光消費額：地域内での観光活動に伴う消費を把握するもので，交通費・宿宿泊費・飲食費・買い物費・入場料等と観光関連事業者の業種毎に項目を分けて把握する。観光消費額を把握することで，経済波及効果を算出することができる。
3) 観光客満足度：観光客のリピート率を高めていくための指標として観光客の満足度を把握することが望まれる。また，個別のサービス品質に対する満足度を把握することで，優先的に満足度を高めていくべき項目を把握することができる。
4) 観光資源・観光施設の活用状況：業態毎の利用者数や宿泊者数，稼働率，経営状況（売上高，雇用者数等）を把握する。
5) 観光経済波及効果：地域を訪れた観光客が，地域内で観光消費を行い，その観光消費された金額のうち，どの程度が地域経済に影響をおよぼしたのかを金額で表した数字である。観光経済波及効果を算出することで，観光の総付加価値を算出することができる。
6) 住民満足度：「住んでよし，訪れてよし」の地域を実現させていくためには，その地域の住民の観光に対する理解を深めていくことが必要である。
7) 従業員満足度：観光に携わる人材を確保していくことは，地域の観光産業の基盤強化となる。そのため，観光産業に従事する従業員の満足度を把握することが必要である。

経済波及効果の算出方法

　経済波及効果の算出方法としては，産業連関表を用いる方法と地域内の事業所アンケート調査を元に乗数理論を利用して算出する方法がある。通常，市町村レベルでは産業連関表を作成していないため，乗数理論を用いた算出方法を用いることが望ましい。そのためには，(a) 観光客の数量と消費金額，(b) 事業者の売上高の内訳，(c) 流通と雇用の実態を把握する必要がある。(a) は市町村の観光統計や観光客に対するアンケート調査，(b)(c) は事業者に対するアンケート調査を実施することで数値を得る。
　　　　　　　　　──『観光地経営の視点と実践』(公財) 日本交通公社より

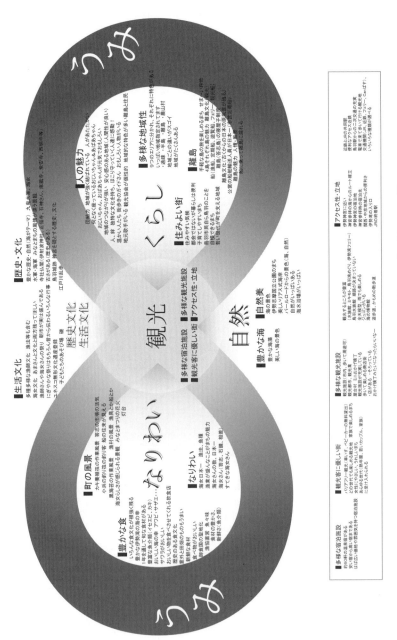

図 3-6 地域らしさと地域特性の分析〈鳥羽らしさ〉
出典：「第2次鳥羽市観光基本計画」平成27年3月鳥羽市。

以上のような現状分析を行い，当該地域の観光が現状で抱えている課題の全体像を総合的に把握するとともに，観光計画を通じて優先的に解決すべき課題の絞り込みを行う。その一例を図3-7に示した。

4）計画目標と基本方針の明確化

　前述の現状分析を踏まえ地域の現実の姿を正しく把握した上で，地域の理想とする将来像（目標像）を描くことが重要である（図3-8）。特に観光を通じて大切にすべき地域の個性は何か，観光が地域課題の解決にどのように寄与するのか，等を重視し，如何に地域の"個性を伸ばす"計画とするかが観光計画のポイントとなる。地域の計画づくりには大きく分けて「課題解決型」と「個性創造型」がある

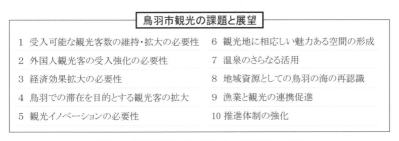

図 3-7　現状分析のとりまとめ〈鳥羽市の例〉
出典：「第2次鳥羽市観光基本計画」平成27年3月鳥羽市．

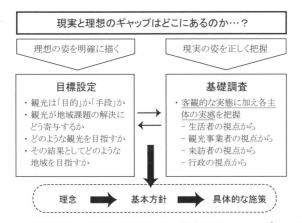

図 3-8　計画課題の整理から目標設定，基本方針（コンセプト）の設定

国内だけでなく
海外の観光客も
魅力を感じる
国際的な観光地であること

これまで築き上げてきた
「鳥羽うみ文化」が将来にわたって
継承されると同時に
新たな「風」を入れることで、
より創造性豊かなものとなる
観光地であること

市民や観光客が
市内で「鳥羽うみ文化」を
感じられるような
観光地であること

鳥羽観光の理念
国際的な滞在拠点を目指した
「鳥羽うみ文化の
継承と創造」

観光客が宿泊したくなる
滞在型の観光地であること

鳥羽の魅力である「食」と
それを支える漁業のなりわいが
将来にわたって維持される
観光地であること

鳥羽観光を支える
推進体制がしっかりとしており
関係者それぞれが
役割と責任を担う体制が
整っている観光地であること

観光産業が持続的であり、
観光を支える次世代の育成にも
積極的な観光地であること

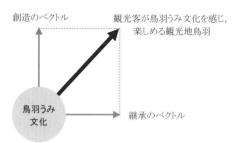

図 3-9 将来像と基本方針の概念図の例〈鳥羽市の例〉
出典：「第2次鳥羽市観光基本計画」平成27年3月鳥羽市。

が，観光計画の策定手法としては後者が望ましい。

概ね，計画期間は10年程度であり，10年後にどのような観光地を目指すのかが目標として設定されることとなる。

また，目指すべき将来像を明確にした上で，そこに到達するための取り組みの基本的な考え方を基本方針として整理する（図3-9）。

5）目標数値の設定

政府の観光立国推進基本計画（2017年3月閣議決定）でも目標数値が設定されており，以下の7つとなっている。

〈1〉国内観光の拡大・充実

① 旅行消費額：21兆円（平成27年実績値：20.4兆円）

〈2〉国際観光の拡大・充実

② 訪日外国人旅行者数：4,000万人（平成27年実績値：1,974万人）

③ 訪日外国人旅行消費額：8兆円（平成27年実績値：3.5兆円）

④ 訪日外国人旅行者に占めるリピータ数：2,400万人

　（平成27年実績値：1,159万人）

⑤ 訪日外国人旅行者の地方部における延べ宿泊者数：7,000万人泊

　（平成27年実績値：2,514万人泊）

⑥ アジア主要国における国際会議の開催件数に占める割合：3割以上・アジア最大の開催国（平成27年実績値：26.1%・アジア最大）

〈3〉国際相互交流の推進

⑦ 日本人の海外旅行者数：2,000万人（平成27年実績値：1,621万人）

特に注目すべきは，インバウンド消費を更に拡大し，その効果を全国に波及させるため③〜⑤を新たな目標として設定している点である。

一方，観光地において，どういう方向性を目指すのか，目標数値をどう考えるかは，観光地全体の将来方向と密接に関わる重要な課題である。一例として，阿寒湖温泉の将来方向の検討，目標数値をどう考えるかを設定する事例を図3-10に紹介するが，観光地としての将来方向の考え方としては，基本的な数値目標である宿

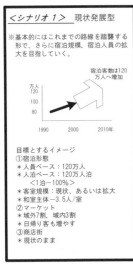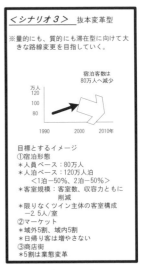

図 3-10 観光地の目標数値（経営指標）の具体例（3 つの将来シナリオ）
出典：『観光地経営の視点と実践』（公財）日本交通公社。

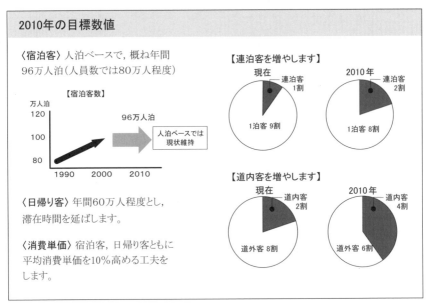

図 3-11 目標数値の考え方〈阿寒湖温泉の例〉

泊客数について，以下のように3つの方向（シナリオ）が考えられる。
　①現状発展型—これまでの路線を踏襲し，宿泊規模を拡大していく方向
　②段階的変革型—これまでの路線を踏襲しながら，徐々に滞在型へと構造を変革させていく方向
　③抜本改革型—宿泊人員は減少しても，滞在日数を増やし，滞在型観光地へと抜本的に変革していく方向
　地域としてどのシナリオを採用するか，具体的にはこれまで通り一泊二日型の観光地を目指すのか，それとも滞在型の観光地を目指すのかである。
　いずれも，目標数値としては，人泊ベースで120万人泊と同じであるが，人員ベースが異なる。①の現状発展型は120万人，②の段階的変革型は100万人，③の抜本変革型は80万人であり，つまり，「滞在型」への変革を地域として目指すかどうかで目標数値の考え方は違ってくる。たとえ，人員が減少しても滞在泊数が増加すれば人泊数は変わらないのである。

　近年，盛んにKPI（Key Performance Indicator =重要業績評価指標）と言われる中で，設定する数値目標は地域によって様々であるが，観光地において基本となるのは宿泊客数であり，その方向性をどう考えるのか，観光地全体での議論が不可欠である。

6）基本戦略と主要政策（個別の戦術）の提示
　目標を達成するための基本方針（通常3～5項目程度に整理されることが多い）を設定した上で，図3-12のように，基本戦略と主要施策（個別の戦術）を構築していく。これらの基本戦略をどう設定するかは，まさにプランナーのセンスが問われる最も重要な計画技術である。戦略と戦術は計画策定の中で新規に提案する内容と，既存の事業等を計画中に改めて位置づけていく部分の双方がある。
　なお，一般的な計画策定のフローとしては図3-2に示したとおりであるが，実際の計画策定の場面においては地域の課題に対する個別の戦術がある程度見えている場合も多い。計画策定の作業は常にボトムアップ（課題解決型）とトップダウン（個性創造型）の双方の作業を行き来しながらのものとなる。

図 3-12 基本戦略と主要施策（個別戦術の例）〈鳥羽市の例〉
出典：「第2次鳥羽市観光基本計画」平成27年3月鳥羽市。

7）観光計画の優先順位と推進主体，実施主体

　個別事業，個別プロジェクトの優先度を設定しなければならない。また，誰が推進主体となるか，プロジェクトを実施する主体はどこかなどについても確定していく。表3-1はその一例である。

8）観光計画の推進体制

　策定した観光計画をどう推進していくか，という全体の推進体制を確立しておく

表 3-1 個別プロジェクトの優先順位，推進主体・実施主体〈鳥羽市の例（一部）〉

アクション名	目的・概要	実施年度				主な実施主体									
		平成28年度	平成29年度	平成30年度	平成31年度以降	民間事業者	観光協会	商工会議所	旅館組合	伊勢志摩観光コンベンション機構	鳥羽磯部漁業協同組合	鳥羽志摩農業協同組合	鳥羽うみ文化協議会（仮称）	その他	鳥羽市
鳥羽うみ文化協議会（仮称）の立ち上げと継続的な議論の実施	鳥羽うみネットワーク構想の検討から推進までの役割を担うための主体「鳥羽うみ文化協議会（仮称）」を立ち上げます。	●	●	●	●	●	●	●							●
鳥羽うみ文化の魅力追求と観光客への遡及方法の検討	「鳥羽うみ文化」の特徴を整理し、観光客に訴求できる鳥羽うみ文化の魅力を追求・特定します。また、その魅力が伝わるようなプログラムのあり方を検討します。		●	●			○	○					●		
海を使った新たな楽しみ方の検討	鳥羽うみを用いた新たな利用の実現可能性など、鳥羽うみの将来的な利用方法の検討を行います。例えば、マリーナを建設してクルーザーによる来訪を可能にする環境整備や海釣り講演の整備などを検討します。			●	●			○			○		●		
海女文化を活用したプログラムの検討と造成	鳥羽市の特徴である海女文化を観光客が理解・体験できるための「見える化」の方法を検討します。また検討を踏まえて海女文化を活用した体験プログラムを造成し、観光客に提供します。例えばプチ海女体験や海女漁見学、海女交流体験等などが考えられます。		●	●	●	●	●				●		●		
鳥羽うみ文化体験プログラム社会実験	鳥羽うみ文化協議会（仮称）における議論を踏まえて、鳥羽うみ文化を体験できるようなプログラムを実験的に構築し、社会実験として観光客に提供します。また、その結果を分析し、課題を整理します。			●			○		●				●		
鳥羽うみ文化施設とフィールドの連携プログラム造成・提供	鳥羽うみ文化に関する観光・文化施設や実際のフィールド、背景にある歴史性などを活かしてストーリーのある観光体験を観光客に提供するためのプログラムを構築します。例えば、漁船に乗りながら集落や観光・文化施設や集落などを巡るツアーの構築などが考えられます。			●	●	●							●		
周辺地域と連携したプログラムの造成・提供	鳥羽市は歴史的に伊勢神宮と深い関係性を持ってきました。こうした鳥羽市の歴史を踏まえて鳥羽うみ文化の資源を捉えて体験プログラムを造成し、観光客に提供します。			●	●		●			○			●		
鳥羽うみ文化施設における鳥羽うみ文化の伝達機能向上と情報発信	鳥羽水族館やミキモト真珠島、海の博物館といった海との関わりが深い観光・文化施設において、鳥羽うみ文化の特徴を学ぶことができる展示コーナーを設置するなどして、鳥羽うみ文化の特徴を観光客に分かりやすく伝えます。また、そういった取り組みを、パンフレットやWEBなどを通じて対外的に発信します。		●	●	●								●		
鳥羽うみ文化施設における展示方法のバリアフリー化と情報発信	鳥羽水族館やミキモト真珠島、海の博物館といった海との関わりが深い観光・文化施設において、展示方法のバリアフリー化を促進し、誰もが楽しめる環境を作り出します。また、バリアフリー対応している施設の情報発信を行います。		●	●									●		
教育旅行用プログラムの造成	鳥羽うみ文化を教育旅行のプログラムとして提供できるようアレンジし、モデルコースを構築します。		●				○						●		

出典：「第2次鳥羽市観光基本計画」平成27年3月鳥羽市。

必要がある。推進体制は計画の実現に向けた仕組みづくりや計画監理の体制構築、事業実施体制などとも関連する。

　具体的には図3-13に示すように、策定委員会、ワーキンググループなどで構成される「計画策定体制」から計画を監理する、例えば観光地経営会議と計画に位置づけられた個別のプロジェクトを実現させるプロジェクト推進チームなどで構成される「計画監理・推進体制」に移行することとなる。

これからの観光推進体制であるが，これまで行政（観光担当セクション）と観光推進組織（観光協会など），そして観光産業（民間企業）といったいわば固定化さ

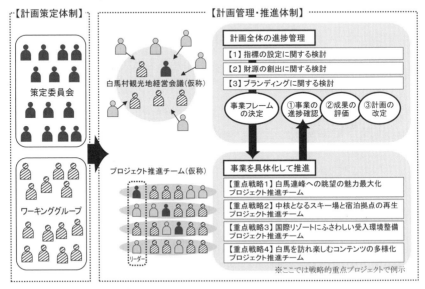

図3-13 観光計画の推進体制の例〈白馬村の例〉
出典：「白馬村観光地経営計画〈概要版〉」平成28年3月白馬村。

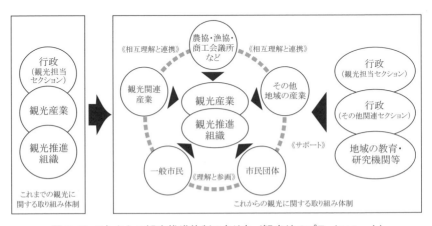

図3-14 これからの観光推進体制のあり方（観光地のプラットフォーム）

れた中で進められてきたが、これからは観光産業と観光推進組織が主体となり、農林水産業界や市民団体・一般市民、商工会議所など関係する組織や団体などと連携し、それを行政や大学などが支援するという観光地のプラットフォームを構築することが重要である。そのためにも常に地域における観光振興の意義や観光の果たす役割などを分かり易く説明し、相互理解を深めていくことが期待される（図 3-14）。

（2）観光計画の策定に関わるキーポイント

これからの観光振興、さらには観光計画策定のポイントとなる住民目線、生活者視点の重要性について解説する。

1）観光の持続的発展

観光が地域環境に与えるインパクトはプラスの効果だけではない。交通渋滞や路上駐車による交通環境の悪化、騒音やゴミの増加、落ち着いた住環境の破壊、地域資源の過剰利用などマイナスの影響も考えられる。地域において持続的な観光振興を図るためには観光による地域へのプラスの効果を最大化すると共にマイナスの影響を最小化することも念頭に計画策定を進めることが重要である（図 3-15）。

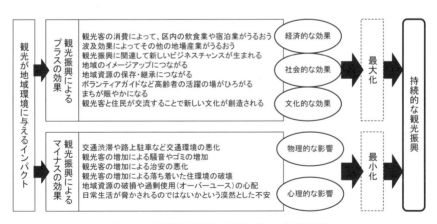

図 3-15 持続的発展を念頭に置いた観光振興
出典：「台東区新観光ビジョン」平成 22 年 3 月台東区。

2）観光振興による受益者

　従来の観光振興策は観光客のための魅力づくり，観光客に向けたイベント開催などとかく観光客を受益者として設定した取組みとして認識されてきた。しかし，地域は生活者がいて初めて成立するものであり，生活者の視点を抜きにして語ることはできない。

　観光計画策定に際してもこの視点を常に意識すべきである。このことは生活者でもある自分たちが暮らす地域の魅力を再発見し，地域に対する愛着や誇りが高ま

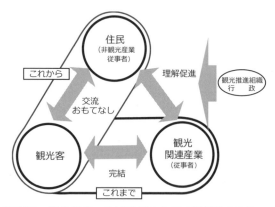

図 3-16　観光客・観光産業・地域住民の 3 者の関係性の変化

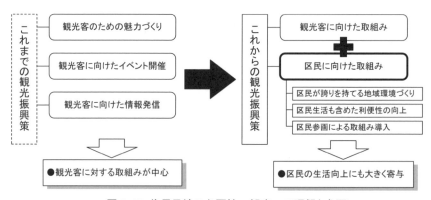

図 3-17　住民目線の必要性—観光への理解と参画
出典：「台東区新観光ビジョン」平成 22 年 3 月台東区。

ことにもつながる。

近年，図3-16に示すように，観光客と観光関連産業，住民の3者の関係性が変化してきている。これまでは観光客を観光関連産業だけで受け入れてきたが，語り部やガイドツアーなど住民との交流やおもてなしの機会が増大し，観光客と住民との関係が接近してきている。訪れた地域の生活文化や歴史風土を体感したいという観光ニーズの変化とも密接に関連している。

また，図3-17のように，これまでの観光振興策は，あくまで観光客に対する取

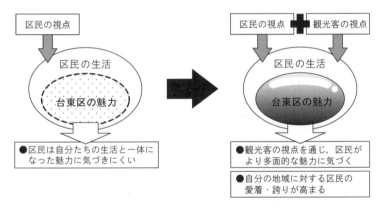

図3-18 観光客目線の必要性—地域に対する愛着と誇り
出典：「台東区新観光ビジョン」平成22年3月台東区。

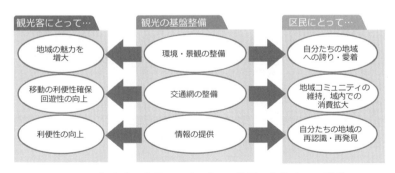

図3-19 観光客・住民の両者にとって効果のあるインフラ整備
出典：「台東区新観光ビジョン」平成22年3月台東区。

り組みが中心であったが，これからは観光客に向けた取り組みに加えて，住民に向けた取り組みが大切であり，地域に対して誇りの持てる環境づくりや生活の利便性の向上など住民の生活向上に寄与することを念頭において観光に対する理解と参画を進める必要がある。

　一方，住民は自らの地域の魅力，特に自分たちの生活と一体となった魅力についてはなかなか気づきにくく，よその目，観光客の目線で住民には気づかない多面的な魅力を掘り起こすことによって地域に対する愛着や誇りが高まっていく（図3-18）。

　それと同時に，例えば図3-19のような観光のための基盤整備は観光客にとってのみならず，地域の生活者にとっても様々な効果をもたらすことが考えられる。

3）観光と他の地域課題の複合的解決

　観光は図3-20のように，他の地域課題と密接に結びついている。前述したように様々な側面で地域住民の生活の向上にも寄与しうるものである。しかしその実現のためには行政内においても従来の縦割りの発想から抜け出した施策の提案と実施体制が求められる。

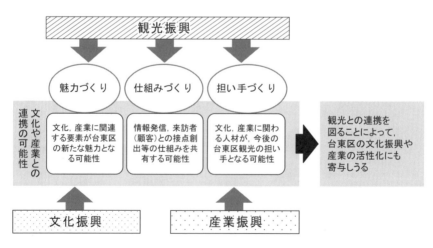

図3-20　複合的な地域課題の解決に寄与する観光振興
出典：「台東区新観光ビジョン」平成22年3月台東区。

3. 観光計画における合意形成

観光計画における合意形成とは，地域が共有すべき共通の目標としての観光計画を策定するプロセスでどう合意を図っていくかであり，観光振興全般に関する合意形成とも，計画策定後の事業実施段階での合意形成とも異なるものである。

(1) 策定体制の構築

観光計画策定にあたって最初に行うのは，計画策定体制の構築である。策定当初の課題認識にもとづき，関係者や策定プロセスを連想しながら，検討する場（会議体）を設置する。具体的には，審議する場や起草する場，そして，それらを有意義な場とするために，関係者との公式・非公式の調整等も含めて行う事務局が少なくとも必要となる。行政が策定主体となる場合は，事務局は観光担当部門が務めることが多い。そして，業務受託者としてプランナーが関わる場合は，事務局側に位置することとなる。

会議の場は，一つに限らず，委員会と作業部会の二部体制とすることも多い。地域によっては，行政内関係部署横断の会議体を公的に設置する場合もある。常設の観光審議会を設置している地域では，同会において計画審議を行う，あるいは，別途設置された策定委員会が審議会に答申するなど，ある関係性を持たせて計画策定を進める場合もある。地域の状況と審議する内容，想定する計画の精度に応じて会議の場が設置されることとなるが，複数設置する場合は，それぞれ役割分担を明確にしておくこと大切である。

(2) 策定メンバーの選定

策定メンバーの選定にあたっては，会議運営や計画策定後の実行を視野に入れて，1)多様な関係者の参画，2)地区間・業種間のバランス，3)人数規模，4)人材の発掘，5)計画期間の5点を少なくとも意識することが望ましい。

1）多様な関係者の参画

　観光は地域を舞台にして行う活動であり，正負の影響を幅広く地域関係者に与えることから，観光業界，観光事業者以外の人々にも計画策定に参加してもらう必要がある。誘客や集客を志向する観光関係者のみではなく，まちづくりや一次産業，二次産業などの人々の参画も想定される。住民の場合，公募することも一つの方法である。また，外部有識者（学識経験者，市場・流通関係者，メディア関係者），外の視点も有する移住者等も候補として考えられる。

2）地区間・業種間の配慮

　計画対象地の空間的規模や観光産業の集積度等にもよるが，複数の地域及び観光地が対象となる場合は，地区間・業種間の配慮が必要である。

3）人数規模

　多人数の場合，実質的な議論に行き届かず，形式的な会議に終わってしまうことも少なくない。本題となる部分を事前見極めて体制構築とメンバーの選定を行うことが重要である。メンバーが一堂に会して議論する必要のない場合は，少人数に分けてそれぞれ別日・別時間帯に議論する，事前や事後に個別にヒアリングを行うなど，体制と人数規模等にあわせた工夫が求められる。

4）人材の発掘

　計画策定過程で重視すべきことの一つは，計画策定後を視野に入れて事業の担い手に目途を付けることや新たな人材を発掘することである。現状，多くの観光計画は法定計画ではないため，その実効性は高くない状況にある。そうした中では，中核的な役割を果たしてもらえる見込みのある人材と，計画策定の過程や日々の業務の中で信頼関係を構築，強化することが重要である。

5）計画期間

　例えば，計画期間が10年間であるとすれば，選定したメンバーは10年後，何歳になりどのような暮らしを地域でしているだろうか。計画実行段階の時間の流れを意識する必要がある。

　全てが事前に見通せるわけではないが，計画策定時においては，議論の状況や激しい社会経済環境の変化に対応できるよう，全てのメンバーを固定にせず，途中

参画できる仕組みなどが検討されても良いだろう。とはいえ，策定後の計画の監理や計画の見直しを見越すと，策定時のメンバーが関わり続けていてくれるか，その仕組みがあるかも少なからず意識しておく必要があるだろう。

【参考：策定委員会設置規約の例】

○○市観光振興ビジョン策定検討委員会設置要項

　　（趣旨）

第1条　この要綱は，将来の市の観光振興の基本方針となる○○市観光振興ビジョン（以下「ビジョン」という）の策定に向けて必要な事項を検討するため，○○市観光振興ビジョン策定検討委員会（以下「委員会」という）の設置及び運営について必要な事項を定めるものとする。

　　（所掌事務）

第2条　委員会は，ビジョンの策定に向けて必要な事項の検討を行い，市長に対して報告することとする。

　　（組織）

第3条　委員会は，委員20人以内をもって組織し，次に掲げる者又は団体に属する者のうちから市長が委嘱する。

　　1）公募により選考された市民

　　2）識見を有する者

　　3）○○市観光協会

　　4）観光に関連する団体

　　5）関係行政機関，団体等

　　6）その他市長が必要と認める者

　　（任期）

第4条　委員の任期は委嘱された日から平成25年3月31日までとする。

　　（委員長及び副委員長）

第5条　委員会に委員長及び副委員長を置き，委員の互選により定める。

　　2　委員長は，会務を総理し，委員会を代表する。

3　副委員長は，委員長を補佐し，委員長に事故があるときはその職務を代理する。

（会議）

第6条　委員会は，委員長が招集し，会議の議長となる。

2　委員長が必要あると認めるときは，会議に委員以外の者の出席を求め，その意見を聴き，又は説明を求めることができる。

（庶務）

第7条　委員会の庶務は，〇〇部観光課において処理する。

（その他）

第8条　この要綱に定めるもののほか，委員会に関して必要な事項は，委員長が別に定める。

附則

1　この告示は，平成〇年〇月〇日から施行する。

2　この告示は，平成〇年〇月〇日限りでその効力を失う。

（3）会議運営と議論の展開

　地域が共有すべき共通の目標像としての観光計画は，関係者での議論や調整の積み重ねの結果として定められるものであり，検討の最終段階ではなく策定の各段階において，その都度関係者で合意を図っていくとこが求められる。したがって，事務局やプランナーは，少なくとも以下の点を意識して策定プロセスの設計及び会議運営を行っていくことが望ましい。

1）策定期間や段階，議論の進捗に応じた柔軟な会議運営

　計画策定に投じる期間の設定は，策定主体の判断による。通常一年，長い場合で2年である。議論の場，議論の回数が有限であることを意識し，設置した会議体の役割に応じて付議する内容を明確にしておくこと，一定程度のシナリオを検討した上で議論の展開に応じて柔軟に対応していくことが，意味のある議論への近道である。限られた期間と回数であっても，議論のために導入する手法を巧みに変化させ，また検討スピードを変化させ論点に強弱を付けて検討を進めていくなど，状

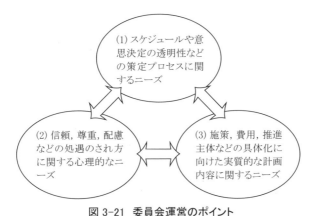

図 3-21 委員会運営のポイント
出典：『観光地経営の視点と実践』（公財）日本交通公社。

況を読みとり展開させていくことが大切である。例えば，様々な意見を出し合い幅広い意見を掴みその関係性や重要性を整理していく時期と，議論し形となってきた計画を精査し関係者の総意としてとりまとめていく段階で議論の体制や議論の方法を変えるなどである。

2）策定メンバーでの意識共有

　計画策定にあたり，策定に関与するメンバー間で意識や方向性を共有することが最も重要となる。核となる関係者の理解や合意が不十分であると，計画策定とその実行に円滑に移行できないからである。意識や方向性の共有にあたっては，会議の場での議論の他，現地視察を通じての課題等の共有することも方法の一つである。場合によっては，ゲストスピーカーの招聘やあるテーマに関する勉強会などを策定プロセスに組み込み，これまでの地域での議論とは幾分異なるレベルで観光へ理解促進を図ることが検討されても良いだろう。

3）計画策定への参加の枠組み・機会の提供

　加えて，核となるメンバーの他，観光に関係する多様な主体・人々が計画策定に関与する機会を企画，設計しておくのが望ましい。アンケート調査やヒアリング調査等の実態や意見を把握する他，パブリックコメント等を実施するなど，各段階で適切な手法を判断し導入することが求められる。

4）策定過程における情報共有・公開・周知

　策定プロセスを設計する上で意識すべきは，その公正性と透明性だろう。例えば，情報公開は，策定最終段階ではなく，初期段階から調査結果や議論の経過を広く公開し，情報を入手できる環境づくりも進めていく必要がある。公開可能な範囲（内容・場）は精査する必要があるが，観光が地域の多くの人々の暮らしに様々な影響を与えるものである以上，公開を前提としていくのが望ましい。観光計画は従来非公開で議論されることが多く，計画自体が地域で認知されていないことも少なくない。過去の計画書や議論経過が確認できるものは限られ，地域自身がその歩みを振り返ることもできないことから，将来のことも考え，透明性を高めていく努力が観光計画には求められる。公聴の手続き等も含めて，まだまだ策定プロセスには，改善の余地がある。

　その他，計画策定に関連して，策定中やその前後にシンポジム等を開催する，概要版を作成し地域内で説明会を開催する等，それほど関心のない層に対しても，周知，理解を図っていくことが大切である。

5）ファシリテート能力

　加えて求められるのが，会議を運営する側のファシリテート能力である。限られた時間で何を議論し，その結果どこまでが検討され，どこまで合意がなされたのか。どこまでが合意されていないのか，より深く検討すべき論点は何か等，議論を細分化して決議すべき事項を明確にし順序立てて合意，決定に導く能力と，メンバー一人ひとりから意見を引き出す雰囲気づくりまで含めた能力が求められる。

4．観光計画の実現と評価

　かつての観光計画は策定作業が終了して終わる，つまりコンサルタント（プランナー）としては計画策定作業終了がゴールであった。本来，計画策定主体と計画実施主体は同じ市町村（基礎自治体）であり，ほぼ一体と考えるべきであるが，策定作業をコンサルタントに委託することが主流になると，策定と実施は分離され，実現をあまり念頭に置かない観光計画が策定されたことも否めない事実である。そして，

多くの観光計画が"絵に描いた餅"で終わった要因がそこにあったと考えられる。

近年では開発から保存・育成，ハードからソフトへと観光計画の潮流が変わったことや前述したような反省から，観光計画の策定は，地域にとってゴールではなく，スタートであるという当然のことがようやく認知されてきている。

そうした中で，観光計画の計画内容は，より現実的に，しかも実現可能なものへとシフトしており，常に「実現可能な計画」の策定が求められるようになっている。そのため，コンサルタントやプランナーは，如何に「実現させるか」を常に意識しつつ，また実現のための手法や手段，そして主体を想定しながら，計画策定作業を行うこととなり，最近ではプロジェクトの実現能力も問われるようになってきている。

その意味で，観光計画は従来の地域の理想とすべき観光ビジョンを描くという役割から，如何に実現していくか，到達すべき目標数値は何か，といった効果・成果に重点を置いた観光地経営のための計画に近い形態となりつつある。そこで注目されてきたのが，PDCA (plan-do-check-action) システムであり，評価・見直しを繰り返すマネジメント型の計画である。

(1) 観光計画の実現に向けた仕組みと体制

観光計画の目的は，「望ましい観光の実現」にあるが，そのためには，観光計画で提案された理念に基づき，戦略と戦術をいかに実現させていくかにかかってくる。観光計画を"絵に描いた餅"に終わらせないためには，まずは，実現に向けた知恵と熱意，そしてそれを担保する仕組みと体制が重要となる。

1) 観光計画の実現に向けた取り組み
①推進主体の役割

観光計画の策定主体が推進主体，つまり観光計画を行政が策定した場合には，行政が推進主体，いわば「全体監督」の役割を担うのが望ましい。後述する計画監理の役割で詳述するが，推進主体は策定された観光計画に位置づけられた各種プロジェクトの実現に向けて様々な支援を行う必要がある。推進主体が行政であれば，事業実施主体に対して，事業内容の詳細な検討，実現可能性の研究，財源の

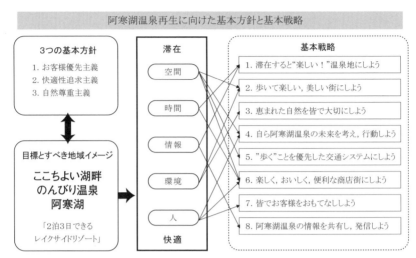

図3-22 「阿寒湖温泉再生計画2010」（略称2010プラン）の計画体系

確保などの間接的な支援を行うことが期待されるし，自らが実施主体であれば，自ら行うこととなる。いわば全体の「目配せ役」が推進主体に求められることになる。

②実現に向けた手段・手法

プロジェクトの実現に向けては，まずは〈i〉研究会などプロジェクトメンバーの選定とチームの設立，〈ii〉事業内容と予算，費用便益分析などの総合的な検討・研究，〈iii〉補助事業の導入など財源の確保，〈iv〉モニター評価や社会実験などを通じた適応化などに取り組むこととなる。

まずは知恵と熱意あるメンバーが選ばれるのが望ましい。独自財源に乏しい基礎自治体や観光推進組織においては，国や都道府県などからの補助事業に頼らざるを得ないのが現実であり，補助メニューの中で最も適したものを厳選していくことが必要となる。

ここでは，観光計画の策定から20年近く計画の実現に取り組んできた釧路市阿寒湖温泉地区の例をもとに補助事業導入による計画実現のプロセスをみていきたい。図3-22は，2001～2002年の2カ年をかけて策定した観光計画『阿寒湖温泉再生計画2010』（略称2010プラン）の計画体系である。

表3-2 阿寒湖温泉で導入した主な補助事業

	補助事業名
①	環境省・湖畔公園整備事業
②	国土交通省・観光まちづくり推進事業（まりも家族手形）
③	国土交通省・観光ルネサンス事業
④	国土交通省北海道局・交通社会実験
⑤	内閣府・都市再生事業（温泉街まるごとマーケティングシステム）
⑥	総務省(ふるさと財団)・地域再生マネージャー事業
⑦	観光庁・観光圏整備事業
⑧	経済産業省・地域新成長産業創出促進事業費補助金（国際化に対応した地域における消費単価向上支援事業）
⑨	経済産業省・地熱開発理解促進関連事業
⑩	国土交通省・観光立国ショーケース

　なお，現在は次の10カ年計画である『阿寒湖温泉・創生計画2020』が進められている。

　年度別に導入した補助事業をみると，国，道，市，団体など多岐に及んでいることがわかる。こうした各種事業の導入と申請手続きの支援を行うのがシンクタンクの役割でもあり，計画策定のノウハウだけでなく，計画の実現に向けた知見を有することがこれからのシンクタンクに求められていることも事実である（表3-2）。

　補助事業導入の課題としては，補助金がなくなったら，事業も終了するという継続性のなさであり，当初から期間中に自立することを想定して補助事業に取り組む必要がある。

　一方，補助事業導入のメリットとしては，地域の人々の観光イノベーションに向けた"意識改革"にある。従来からの旧態依然としたやり方を国の補助事業，つまり"公の資金（税金）が投入される"ということによって，緊張感を持って真剣に変革に取り組むことが期待できる。

2）計画監理の概念と仕組み
①計画監理は誰が担うべきか
　建築や造園，土木などの分野では，構想→計画→設計→施行という明確なプロセスを得て，実現，すなわち目に見える「形」となる。そのため，設計通りに施行されているかどうかを監理する「施工監理」という概念が明確にされ，そのための

人材育成やその分野がいわゆるビジネスとなっている。これは，実現する対象が明確であることに主な要因がある。観光計画の場合，ハードからソフトに至る幅広い施策・プロジェクトが提案されており，実現する対象が必ずしも明確ではないことが多い。それだけに個々のプロジェクトについて，何を，誰が，どう進めて行くか（推進主体，実施主体，予算，優先順位，スケジュール等）を監理し，実現させることによって戦略が達成し，最終的に目指すべき将来ビジョンに近づけていくというトータルなプロデュースシステムが必要である。

　しかしながら，ある意味で計画分野全般の課題とも言える問題であるが，「計画監理」という概念はそれほど認知されておらず，結果（アウトプット）・成果（アウトカム）の評価だけに留まっている場合が多い。実施主体が多岐にわたるため進捗状況の管理が難しいこともあるが，強力なリーダーシップを必要とすることも予想され，本来であれば，策定主体である「行政」や「第三者委員会」が計画監理の機能を担うべきであろう。ただ，民間サイドの施策であれば，観光推進組織や業界団体の方がより実態を把握しやすい立場にあるはずで，当然ながら計画監理における役割分担があってよい。とはいえ，現実問題として，計画段階からそれぞれの施策・プロジェクトの進捗監理の役割まで想定しているところは少ないのが実態である。

②法的担保（条例化）の可能性

　計画監理の仕組みを条例によって，法的に担保することはあり得る。事例としては，都道府県レベルでは，観光振興条例を制定し，それに基づく観光振興基本計画を策定しているところが22道県にのぼっている。また，条例の制定年をみると，北海道と沖縄を除くと，全てが平成の時代になって制定されている。

　一方，市町村レベルでは，山梨県富士河口湖町，群馬県草津町，神奈川県湯河原町などが観光立町推進条例を制定し，その条例に基づく観光立町推進基本計画を策定するシステムとなっている。いずれも観光基本法を全面改定し2007年1月に施行された国の観光立国推進基本法（並びに観光立国推進基本計画）を参考としている。

　市町村レベルでいち早く条例を制定した富士河口湖町の「観光立町推進条例」を

表 3-3 都道府県の観光振興条例の制定状況

組織名	条文名	施行年月日
北海道	北海道観光のくにづくり条例	H13. 10. 19
岩手県	みちのく岩手観光立県基本条例	H21. 7. 1
埼玉県	埼玉県観光づくり推進条例	H24. 3. 27
千葉県	千葉県観光立県の推進に関する条例	H20. 3. 28
神奈川県	神奈川県観光振興条例	H22. 4. 1
新潟県	新潟県観光立県推進条例	H21. 1. 1
富山県	元気とやま観光振興条例	H20. 12. 19
山梨県	おもてなしのやまなし観光振興条例	H23. 12. 22
岐阜県	みんなでつくろう観光王国飛騨・美濃条例	H19. 10. 1
愛知県	愛知県観光振興基本条例	H20. 10. 14
三重県	みえの観光振興に関する条例	H23. 10. 20
和歌山県	和歌山県観光立県推進条例	H22. 4. 1
鳥取県	ようこそようこそ鳥取県観光振興条例	H21. 7. 3
島根県	しまね観光立県条例	H20. 3. 21
広島県	ひろしま観光立県推進基本条例	H19. 1. 1
徳島県	もてなしの阿波とくしま観光基本条例	H21. 6. 25
愛媛県	えひめお接待の心観光振興条例	H22. 4. 1
高知県	あったか高知観光条例	H16. 8. 6
長崎県	長崎県観光振興条例	H18. 10. 13
熊本県	ようこそくまもと観光立県条例	H20. 12. 22
鹿児島県	観光立県かごしま県民条例	H21. 4. 1
沖縄県	沖縄県観光振興条例	S55. 3. 1

みていく。計画の策定は，第 2 章の基本的施策の第 1 節に位置づけられており，以下が定められる仕組みとなっている。

〈i〉観光立町の実現に関する施策についての基本的な方針
〈ii〉観光立町の実現に関する目標
〈iii〉観光立町の実現に関し，町が総合的かつ計画的に講じるべき施策
〈iv〉前三号に掲げるもののほか，観光立町の実現に関する施策を総合的かつ計画的に推進するために必要な事項

計画策定にあたって，「町長は，基本計画を定めるにあたっては，あらかじめ，町民等の意見が反映されるよう必要な措置を講じるとともに，第 23 条に定める富士河口湖町観光立町推進会議の審議を経るものとする」とされ，第 3 章において推進会議について位置づけられている。

また「町長は，基本計画を定めたときは，遅滞なくこれを公表するものとする」と情報公開について言及し，さらに「町は，観光立町の実現に関する施策を推進するため，必要な財政上の措置を講じるよう努めるものとする」と財政上の措置についても定められている。

　第3章では，「基本計画について審議し，及びその実施を推進するため，富士河口湖町観光立町推進会議（以下「推進会議」という）を設置する」こととなっており，町長を会長とする同会議が基本計画について審議し，その後の実施についても監理する仕組みとなっている。

【富士河口湖町観光立町推進条例の概要】
　観光立町の実現に関する施策を総合的かつ計画的に推進するために制定。
　　第1章　総則
　　　　目的，基本理念，町の責務，町民・観光事業者・観光関係団体の役割
　　第2章　基本的施策
　　　　第1節　富士河口湖町観光立町推進基本計画等
　　　　第2節　魅力ある観光地の形成
　　　　　・国際競争力及び国内競争力の高い魅力ある観光地の形成
　　　　　・観光資源の活用による魅力ある観光地の形成
　　　　　・観光旅行者の来訪の促進に必要な交通施設等の総合的な整備
　　　　第3節　観光産業の競争力の強化及び観光の振興に寄与する人材の育成
　　　　第4節　国際観光の振興
　　第3章　富士河口湖町観光立町推進会議

3）計画推進委員会（仮）などの設置と役割
①行政を中心とする計画監理組織

　富士河口湖町の「観光立町推進会議」は，会長及び委員10人以内をもって組織され，その委員は，「町議会の議員，観光事業者，観光関係団体の長，観光に関する学識経験を有する者，関係行政機関の職員その他町長が必要と認める者のう

ちから，町長が任命する」とされ，任期は2年となっている。委員の役割は，
- 観光立町推進基本計画の策定会議に出席し，計画案を審議すること
- 同計画の推進状況をチェックし，推進に関して適切なアドバイスを行うこと
- 計画の見直しについての意見を述べること

などであり，推進会議の会長である町長（行政の長＝計画推進の責任者）に対する意見具申が主要な役割となっている。

②民間を中心とする計画監理組織

こうした計画監理を担う第三者委員会の事例として北海道釧路市の阿寒湖温泉で継続的に開催されている「グランドデザイン懇談会」を紹介する。この事例は，
- 監理する計画の策定主体は行政ではなく，観光推進機関であること
- 計画の対象地は行政単位ではなく，観光地単位であること
- 策定から推進まで民間が主体となっていること
- 条例などで規定されているわけではなく，あくまで地域が決めたルールに基づくものであること

など，前述した富士河口湖町とは対照的な事例となっている。

設置当初は，必ずしも計画監理という役割を持っていたわけではなく，むしろプロジェクトの実現に向けた戦略会議であったものを，途中から計画監理を担う第三者委員会として位置づけたものである。第一次の計画である『阿寒湖温泉再生プラン2010』が終了し，第二次計画の策定中に東日本大震災が発生し，その後の観光の状況も大きく変化するのではないかとの問題意識の中で，位置づけと役割を見直したものである。

以下は，震災後2011年5月14日に開催した当時のグランドデザイン懇談会の資料である。

【参考：今後の「グランドデザイン懇談会」位置づけと役割について】
〈これまでの開催目的と位置づけ〉
- 2002年3月策定の『阿寒湖温泉再生プラン2010』の最重点プロジェクトの1つである「湖岸の公園化」や「温泉街の景観づくり」の実現に向けて，関係機関の意見交換の

場とする。
- この懇談会では、阿寒国立公園計画の見直しに向けた地元の意向を整理し、『再生プラン2010』に位置づけられた個別プロジェクトに対する環境省事業導入の可能性、さらには景観ガイドラインの策定等について検討する。

〈2011年度以降の『グランドデザイン懇談会』の位置づけと役割について〉
- 2011年3月策定の『阿寒湖温泉創生計画2020（仮）』、通称「ビジョン2020」の推進について、PDCAの考え方に基づき、年1回、進捗状況を確認し、必要な助言を行う。また、3～5年に1回（予定）の計画見直しについても審議し、適切な助言指導を行うものとする。
- グランドデザイン懇談会のメンバーは、NPO法人阿寒観光協会まちづくり推進機構の評議員とする。

4）事業実施体制
①推進主体・実施主体の確定
　観光計画に位置づけられた施策・プロジェクトは、「誰が、いつ、どうやって実施するか」を定めなければ実現は不可能である。ただし、観光計画にそれを明示するかどうかは、策定主体の判断によって異なるのが現実である。つまり、利害が絡むというわけである。

　本来であれば、観光計画に実施主体、実施年次（優先順位）、実現化手法と予算（補助事業の導入なども含めて）を定めることが望ましいが、利害調整（合意形成）が進まず、言及できない場合も多い。その段階で既に責任の所在が明らかでなくなり、いわゆる"絵に描いた餅"となることが少なくない。実施計画が策定される場合には、その中で定めることが出来るが、先述したように容易に出来ることばかりが採用され、本来実施すべき事業が排除されることが課題となっている。

②地域活動団体との連携
　昨今では、観光計画策定の段階から、実施主体としての意識を醸成し、施策やプロジェクトの実施にまで関与してもらえる人をワーキングなどのメンバーに参画させることも多くなってきている。観光計画の役割が、従来のような観光産業の振興・

発展だけでなく，魅力ある地域づくりや"住んで良し，訪れて良し"のまちづくりなどへと変化していく中で，まちづくりとの連動や担い手の育成などが重要となっている。具体的には，まちづくり団体や国際交流団体，自然保護団体など地域での活動組織との連携が事業実施に大きく影響するということであり，それが体制づくりの要諦ともなっている。

③他産業との連携

また，観光以外の産業，特に地域の特性を現す地場産業や世界遺産など特徴のある資源を上手く活用することなど地域に応じて連携すべき領域が異なる。

例えば，三重県鳥羽市は，古くから漁業が盛んで，獲れた魚貝類は伊勢神宮にも献上されるほどの品質を誇っている。これまで漁業と観光の連携について，その必要性は指摘されていたものの，現実には，必要とする量が確保できないなど需要

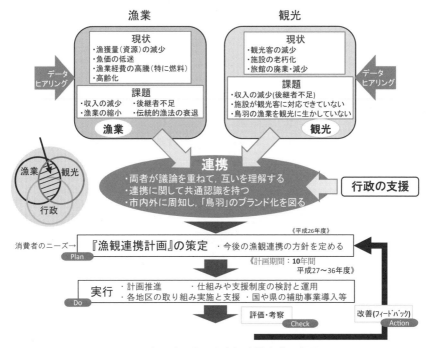

図 3-23 鳥羽市における漁観連携事業の概要
出典：「鳥羽市・漁業と観光の連携促進計画」平成 27 年 3 月，(一社) 鳥羽市観光協会。

と供給のミスマッチを理由に必ずしも上手く進んでいたとは言えない状況であった。2013年の式年遷宮を契機に，それを見直すこととし，鳥羽市観光協会が鳥羽市の支援を得て，鳥羽磯部漁業協同組合と連携する事業を立ち上げた。2014年度には図3-23に示すように，「鳥羽市・漁業と観光の連携促進計画」が策定され，事業の実施に向けた組織「鳥羽市漁観連携推進協議会」が設立され，活発な活動を行っている。

（2）観光計画実現に関わる財源と人材

観光財源の体系は主に「自主財源」と「依存財源」に分かれる。依存財源は補助金や地方債であり，自主財源は地方税によるものと協力金，寄付金，最近は分担金や観光ファンド，宝くじ事業収益金なども使われている。それ以外に事業収入があるが，入場料収入や駐車場収入，着地型旅行商品の販売など近年は非常に多様化してきている。

1）永続的な財源確保の必要性

①自主財源としての法定外税

地方分権一括法によって法定外税が導入しやすくなったとされているが，河口湖町（現富士河口湖町）が2001年7月に法定外目的税の遊漁税を導入したのを皮切りに，法定外税が導入されたものの，実際には総務省の事前協議のハードルが高く，あまり普及していない状況である（表3-4）。

表3-4 法定外税導入の事例

（百万円）

名称	種別	施行年月	使途範囲	H24税収
熱海市「別荘等所有税」	法定外普通税	1976.4	環境衛生費，消防費，道路整備費	555
河口湖町「遊漁税」	法定外目的税	2001.7	環境保全，環境インフラ	10
東京都「宿泊税」	法定外目的税	2002.10	観光振興全般（含むPR）	1,070
岐阜県「乗鞍環境保全税」	法定外目的税	2003.5	環境保全	18
太宰府市「歴史と文化の環境税」	法定外普通税	2004.4	資源保全，渋滞対策，観光振興	65
伊是名村「環境協力税」	法定外目的税	2005.4	環境保全	4
伊平屋村「環境協力金」	法定外目的税	2008.5	環境保全	3
渡嘉敷村「環境協力金」	法定外目的税	2011.4	環境保全	9
泉佐野市「空港連絡橋利用税」	法定外普通税	2013.3	空港関連施策	（見込）300

そうした中で，手続きが比較的簡便な超過課税やそれを用いた基金化，あるいは地方自治法分担金制度の活用などが模索されている。さらには，協力金制度の導入が急激に増加しているのが実態である。

■自主財源
　■地方財源（観光を使途とするもの）
　　・法定税
　　・入湯税（市町村税）
　　・法定外税
　　・法定外目的税
　　　[宿泊税（東京都），乗鞍環境保全税（岐阜県），遊漁税（富士河口湖町）等]
　　・法定外普通税
　　　[別荘等所有税（熱海市），歴史と文化の環境税（太宰府市）]
　■協力金・寄附金
　　・協力金
　　　[花見山協力金（福島市），おわら風の盆行催事運営協力金（富山市）等]
　　・寄附金
　　　[ふるさと納税制度等]
　　・その他
　　　[エコファンド，宝くじ事業収益金等]
　■事業収入（利用料・使用料等）
　　　観光施設等入場料，衛生施設利用料（トイレ・シャワー等），温泉施設利用料，空港施設利用料，駐車場利用料，不動産事業，有料道路通行料，旅行業収入，製造業，卸小売業，国等の事業請負　等
■依存財源
　■地方債
　　・過疎対策事業債（産業振興施設，ソフト事業）・辺地債　等
　■国等の補助事業
　　・観光振興費（観光庁），離島振興費（国交省），文化振興費（文化庁）等

②**協力金制度**

　協力金制度については，導入地域も日本全体に広がっており，導入主体も自治体をはじめ，様々な組織が導入している。収受期間は季節限定や行催事の期間が多

表 3-5 入湯税の税率採用状況

税率（円）	20	40	50	70	80	100	120	130	〈標準〉150	200	210	250	合計数
市町村数※	1	5	14	3	3	49	2	3	893	1	1	1	976
構成比（％）	0.1	0.5	1.4	0.3	0.3	5.0	0.2	0.3	91.5	0.1	0.1	0.1	100.0

出典：総務省資料（2015）。　　　　　　　　　　　　　※入湯税を条例で定めている団体数

く，収受対象は駐車場利用者から取る形と来訪客一人一人から取る形が中心であり，金額的には一人あたり100～200円が多くなっている。制度導入の流れとして，法定外税の場合は新税の検討委員会の開催から始まり，広報周知に至るまでの一連の息の長い準備が必要とされるが，協力金の場合は非常にシンプルな形となっており，ハードルが低いということが普及の要因と考えられる。

2）温泉地における安定的なまちづくり財源—入湯税

①入湯税の概要

　入湯税は，地方税法に位置づけられた観光振興に充当できる唯一の目的税である。その歴史は，戦前の「雑種税」に始まり，市町村税の目的税となったのは1957年である。環境衛生施設，鉱泉源の保護管理施設，消防施設等の整備，観光振興の4つに要する費用に充てることを目的としており，979市町村で導入されている。表3-5に示すように，標準税額は150円であり，これまで超過課税を導入しているのは三重県桑名市（210円），岡山県美作市（200円）の2カ所だけであったが，後述するように，2015年，釧路市が250円となっている。

　税収は2015年度現在，日本全国で227億円と市町村税総額の0.1％と決して多いものではないが，独自財源に恵まれない市町村にとっては，貴重な財源であり，いわば一般財源的に活用しているところも少なくないのが現状である。

②釧路市・阿寒湖温泉における取り組み

　本地域では，2002年度，旧阿寒町の時代から安定的な観光まちづくりのための財源として，入湯税の超過課税の導入について検討してきた。2014年6月の釧路市議会において「入湯税の税率改定に伴う釧路市税条例の一部改正」が決まり，パブリックコメントを得て12月議会において条例案が可決された。

　改訂の内容は，これまで150円であった税率を250円に引き上げる。ただし，

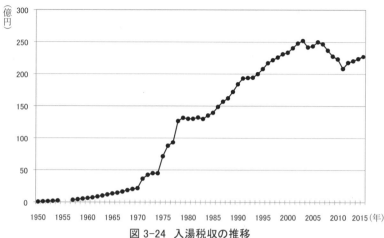

図 3-24 入湯税収の推移
出典:「地方税の税目別収入額の推移」総務省。

国際観光ホテル整備法に基づく登録ホテル・旅館以外の宿泊施設における宿泊者については150円とするというものである。現状では阿寒湖温泉地区の一部の宿泊施設だけに適用され，100円の増額分は，新たに設置する基金に積み立て，引き上げが適用された宿泊施設が所在する地域，つまり阿寒湖温泉地域の観光振興事業の財源として役立てることとなっている。現在，使途を明確にするための長期事業計画が策定され，計画的な執行が進められている。

3) その他の自主財源確保の取り組みと依存財源
①指定管理者制度の活用

　行政ではなく，観光推進組織の自主財源として指定管理者制度を活用するところが少なくない。市町村が所有する観光関連施設の管理運営を受託するもので本来的な観光財源の確保とは別次元の問題である。つまり，観光推進組織は，施設の管理運営が目的ではなく，当該市町村の観光の振興，発展に寄与することが目的であり，指定管理者制度を活用して指定管理料を得たとしても一部の人件費が賄われるだけで本来目的の事業費が確保されるわけではない。

　市町村から委託を受けて観光慣例施設の管理運営を行ってきた組織が，行政改革や財源不足によって観光推進組織と合併し，その機能を観光推進組織が引き継

いだ場合に見受けられる形態である。

② 着地型旅行商品づくり

　これも行政ではなく，観光推進組織の財源として期待された事業であるが，安定財源となるには収益性が低く，成立するのは大都市や一部の有名観光地に限られるのが現実である。一時は観光圏整備法など国の働きかけもあって，取り組んだ観光推進組織は少なくなかったが，行政から経済的な自立を求められている観光推進組織にとって，起死回生となる事業にまで育てるのは厳しいものと思われる。

　確かに，従来，着地型旅行商品の貧弱さは，わが国観光地の課題ではあったが，旅行商品化の経験やノウハウのない観光協会などでは難しいと言わざるを得ない。

③ マイクロファンド，ふるさと納税

　観光財源に限らず，事業者の「志」を支援する少額投資による基金がマイクロファンドである。以前から貧困者向けの小口融資（マイクロファイナンス）として注目されてはいたが，東日本大震災を契機に拡大してきたものと言える。近年ではWebを活用したクラウドファンディングとして隆盛を呈しており，資金集めに悩む中小企業，特に製造業などで活用が広がっている。少額でも投資であるため，リターンが期待されるが，必ずしもお金でなくとも現物支給，例えば日本酒製造ための酒蔵ファンドといった場合には，利益としてお酒が投資家に配分されるといった具合である。

　一方，ふるさと納税は，2008年の地方税法等の一部を改正する法律によって誕生した制度で，任意の地方自治体に寄付することにより，寄付した額のほぼ全額が税額控除されるものである。あくまで「寄付」であり，リターンを求めるものではないが，地域によってはユニークな特典が用意されており，人気を博している。寄付金額は全国で2014年現在，約341億円となっている。寄付者が地方自治体に対して使途（例えば観光振興など）を指定できることから，独自財源的な活用が可能となっている。

④「依存財源」—国などからの補助事業に対する考え方

　最後に地方債や国，都道府県などによる補助金などの「依存財源」であるが，特に後者は活用によっては，功罪相半ばするというのが実態である。補助金が終了し

ても当該市町村の独自事業として永続的に取り組むのであれば，事業立ち上げのための資金，あるいはアントレプレナーの育成として有効であったと言えようが，補助金が終了すれば，それで終わりというのであれば，有効に活用したとは言えないであろう。

4）人材の確保・定着・育成の必要性
①人材不足，人手不足への対応
　観光人材は，〈1〉リーダー（指導者），〈2〉コーディネーター（企画・調整者），〈3〉オペレーター（運営者・接客者）に大別されるが，リーダーはさておき，コーディネーターの不在を指摘する観光地が少なくなく，その育成が急務となっている。オペレーターは，特に都市から離れた観光地，温泉地などで，その確保が難しくなっている。

図 3-25　観光地における雇用と人材を巡る諸課題とその対応方策
　　　　出典：「観光文化 230 号」2016 年 7 月，（公財）日本交通公社。

「2015年問題」とも言われたように、2015年には団塊の世代、約660万人が前期高齢者、つまり年金受給者になると予想された。これによる労働力不足は深刻で、建設業界、流通業界、IT業界などで雇用確保が極めて難しくなった。観光業界の現場も同様で、労働時間が長く、賃金水準が高くない雇用環境では、人材の確保・定着・育成は緊急かつ永続的な課題と言える。

②観光地の雇用と人材を巡る諸課題

観光庁の旅行・観光消費動向調査（2015年）によれば、わが国の年間旅行消費額は25.5兆円。観光GDPは9.9兆円でわが国のGDPの1.9%を占めている。また観光産業における就業者数は634万人、就業者総数の9.6%を占めている。そのうち宿泊業は58万人と推計されている。

観光産業、宿泊産業、観光地における雇用環境を巡る課題は、

〈i〉個々の宿泊施設など企業レベルの課題

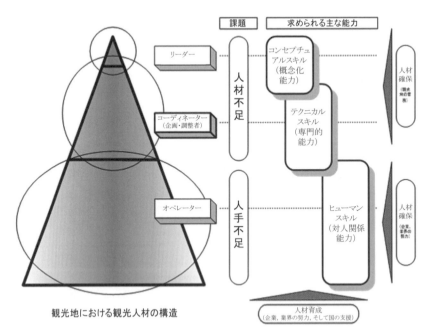

図3-26 観光地における観光人材の構造と各主体の役割
出典：「観光文化230号」2016年7月、(公財)日本交通公社。

〈ⅱ〉観光産業・観光地など産業レベル，地域レベルの課題

〈ⅲ〉人口構造など国レベルの課題

に大別され，図 3-25 に整理した。

③観光地レベルでの対応方策

ここでは特に観光地における人材の確保・定着・育成に言及する。

観光地全体としての取り組みは，次の各段階に応じて方策が必要となる。

- 「人材確保」段階での取り組み：業界や観光地全体での就職説明会や教育機関との連携（計画的な人材供給システム），地域との連携強化（住民への啓発）など
- 「人材定着」段階での取り組み：早期離職防止のためのメンター制度や業界で働く人々が集まるコミュニティの場づくりなど
- 「人材育成」段階での取り組み：キャリア形成制度（地域として，業界として）や高度なホスピタリティ技術を学び，研究する機関の設置など

こうした観光地における観光人材の構造と各主体の役割を整理した（図 3-26）。

（3）観光計画の評価・検証と見直し

観光計画を"絵に描いた餅"で終わらせないために近年ますます重視されてきたのが，計画の評価・検証と見直しである。

1）PDCA から PDSA サイクルによる計画評価

PDCA システムとは，第二次世界大戦後，品質管理を構築したウォルター・シューハート（Walter A. Shewhart），エドワーズ・デミング（W. Edwards Deming）らが提唱したものである。

観光計画の場合，P・D・C・A それぞれ主体が異なり，全容を把握できる主体がないことから，計画評価を難しくしている面がある。ビジョン，つまり P の評価主体としては，行政が実施すべきであり，C も同様である。D と A については，むしろ観光推進組織が評価を担うべきところであるが，確たる定説は構築されていない。

後に，デミング博士は，入念な評価を行う必要性を強調して C（Check）を S

(Study) に置き換え，PDSAサイクルと称した。PDCAにおけるC（Check）を単なる「点検・評価」に終わらせてしまってはならず，深く考察し，反省し，学び(Study)，共有する事こそが，次のAct（処置・改善）に繋がるとした。

2）観光計画の評価・検証の意義

地域の観光を取り巻く状況が短期間で変化していく時代においては，当初から評価・検証と見直しの概念を入れ込んだ計画（PDCA，PDSA）とすることが重要である。

具体的に観光計画を着実に推進するためには，マーケティング調査等を実施し，計画において提示された戦略・施策の効果や目標値の達成度を評価・検証することが必要である（図3-27）。

各プロジェクトについては，企画，実施，評価，改善向上策等について，PDCAサイクルにより，政策評価の手法とも連動しながら，事業を見直し，計画へと反映

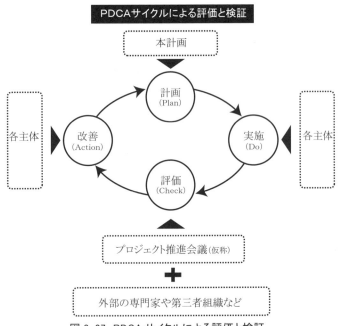

図3-27 PDCAサイクルによる評価と検証

させる。また時代のニーズを的確に捉え施策の改善や新たな事業の企画立案まで，柔軟に対応していくことが望ましい。

　これらの検証作業は，外部の専門家や第三者組織などの意見を踏まえながら「プロジェクト推進会議」にて実施し，計画全体の効率的かつ効果的な推進を目指していく。

> PDCAサイクル
> 　Plan／Do／Check／Action の頭文字を揃えたもので，
> 　各事業を計画（Plan）→実施（Do）→評価（Check）→改善（Action）の流れで実行し，次の計画や事業の改善に活かす考え方
> 　　Plan：目標を設定して，それを実現するためのプロセスを設計する。
> 　　Do：計画を実施し，そのパフォーマンスを測定する。
> 　　Check：測定結果を評価し，結果を目標と比較するなど分析を行う。
> 　　Action：プロセスの継続的改善・向上に必要な措置を実施する。

3）評価・検証のシステム

　観光計画の「理念」に唱われた将来ビジョンは5年，10年で変わらないが，実施すべきプロジェクトや優先順位等は，経済状況や競合条件などによって刻々と変化する。

　評価・検証と見直しのプロセスであるPDCA，あるいはPDSAサイクルは，それぞれの主体が異なることに難しさがあり，全体像を全て把握している主体はないということを認識しなければならない。

　そうした中でより客観的かつ科学的に評価・検証するためには，「評価指標の設定」が重要とある。従来は入込至上主義（観光客数が増加すれば良いという考え方）であったが，地域への経済波及効果は，観光入込客数×消費単価×地元調達率であり，単に入込客数が増加しても消費単価が落ち込んでいては，地域経済からみればマイナスとなる。この入込至上主義からの脱却は，意外に困難を擁するが，数にばかり目を奪われることなく，冷静に判断しなければならない。

　そのための評価軸と評価体制（評価・検証の手法と主体）をそれぞれの観光地で確立していく必要がある。それぞれの観光地によって特性があり，立地条件や観

光地のタイプによって，評価指標は異なるはずである．従って，一概に統一することは無意味であると言える．ただし，他の観光地との比較という視点も重要であることから，共通の評価指標の導入は推進されるべきである．

なお，評価の主体は行政だけにあらず，住民や外部評価委員などによって，評価が客観的に出来るような成熟した環境づくりを重要である．また，目標数値の達成度による評価だけでよいのか，といった観点もあり，当然ながらプロジェクト実施のプロセスでの成果も加味できれば優れた評価システムとなるであろう．

4）評価・検証，そして見直しの具体例

実際に行われた「阿寒湖温泉・再生プラン2010」の計画評価は，PDCA，PDSAの例として，計画期間10年の中で，3年間毎に3回の評価・検証，見直しを実施した．評価項目は以下の4つである．

1. プロジェクトの進捗状況評価（図3-28）
2. 住民意識評価（図3-29）
3. 推進主体評価（図3-30）
4. 第三者評価（図3-31）

これによって，なぜプロジェクトが進まなかったのか，住民の計画に対する理解度はどう変化したか，観光振興のキーマンの意識など多方面にわたって，評価・検証し，さらには深く考察，反省し，学びを共有することを心掛けた．それによって「再生プラン2010」は，常に"生きた"計画となるよう見直しが行われ，現実に即した観光地経営が推進されている（図3-32）．

図 3-28 プロジェクトの進捗状況評価の例

第一期・再生プラン（2002～2004年度）			第二期・再生プラン（2005～2007年度）			第三期・再生プラン（2008～2010年度）	
基本戦略	プロジェクト数	着手数（着手率）	基本戦略	プロジェクト数	着手数（着手率）	プロジェクト数	着手数（着手率）
2. 歩いて楽しい、美しい街にしよう	9	7 (77.8%)	1. 美しい景観・優れた自然環境を楽しめる街にしよう	11	7 (63.6%)	8	5 (62.5%)
8. 阿寒湖温泉の情報を共有し、発信しよう	6	4 (66.7%)	2. 阿寒湖温泉の情報を発信し、誘客を促進しよう	6	5 (83.3%)	4	4 (100%)
1. 滞在すると"楽しい！"温泉地にしよう	11	6 (54.5%)	3. 滞在すると"楽しい！"温泉地にしよう	14	9 (64.3%)	23	17 (73.9%)
3. 恵まれた自然を皆で大切にしよう	5	4 (80.0%)					
5. "歩く"ことを優先した交通システムにしよう	2	1 (50.0%)					
6. 楽しく、おいしく、便利な商店街にしよう	10	8 (80.0%)	4. 楽しく、おいしく、便利な商店街にしよう	3	1 (33.3%)	4	3 (75.0%)
4. 自ら阿寒湖温泉の未来を考え、行動しよう	10	8 (80.0%)	5. 自ら阿寒湖温泉の未来を考え、行動しよう	11	9 (81.8%)	15	13 (86.7%)
7. 皆でお客様をおもてなししよう	3	2 (66.7%)					
計	56	40 (71.4%)	計	45	31 (68.9%)	54	42 (77.8%)

図 3-29 住民意識評価の例

住民アンケート結果の概要（2010年10月、有効回答数343人（男性61%、女性39%））

観光まちづくりへの参加意識は、「半数弱」。

10年間の阿寒湖温泉の変化を感じている人は、「半数強」。
変わった点：「外国人観光客の増加」(64.3%)、「マスコミへの露出度の増加」(63.7%)、「足湯・手湯の整備」(54.9%)、「花の増加」(52.7%) 等

これまでの観光まちづくりを評価する人は、「約半数」。
『再生プラン2010』で実現したと思う点：
「アイヌブランド化」(59.2%)、「温泉街の景観づくり」(46.1%)、「湖岸の公園化」(44.6%)、「阿寒湖温泉のPR強化」(42.9%)、「観光まちづくり組織の体制強化」(41.1%)

これからの観光まちづくりで重視すべきこと：
「周辺の自然を活用した着地型旅行商品の開発」(34.6%)、「医療・介護・福祉施設の充実」(32.3%)、「商店街の魅力向上」(27.8%)、「まちなかのバリアフリー化」(24.7%)

住民生活の満足度：「阿寒湖温泉にずっと住み続けたい」は2割。44.7%が「釧路市以外に移動したい」
欲しい生活関連施設：「医療施設」(55.7%)、「スーパーマーケット」(49.9%)、「生活関連の小売店」(28.6%)
欲しい観光関連施設：「商店街に近い観光客用の無料駐車場」(35.3%)、「湖畔公園」(34.1%)、「道の駅（まりも国道沿い）」(26.8%)

観光まちづくり推進に向け、住民が合意形成するため望むこと：
「観光まちづくり活動に参加しやすい雰囲気づくり」(24.2%)、「観光まちづくり活動の情報公開」(21.6%)
（観光まちづくり情報を発信するニュースレターの認知度は、50%程度）

「現状と将来の方向性」についての住民の意見（2010年度）

○：よいところ、よくなったところ　☆：よくしたいところ　▼：悪いところ、悪くなったこと

【自然】
○豊かな自然がある
☆モノづくりの再生、見せ方の改善　☆自然の森の楽しみ方（湖の活用、一歩踏み出す活用、トレイル整備、子どもに向けたプログラム等）　☆組織の役割分担　☆保護と活用の組織をまとめる組織づくり

【アイヌ文化】
○アイヌブランド化
☆アイヌツアーの拠点化　☆アイヌアートの拠点化　☆イベントの充実
▼大量生産の脱却とアイヌ推奨マーク

【生活・住む】
○若者は楽しく生活する術を知っている
▼人口減少、過酷な自然、仕事がない、友人が減っていく、不安感
☆子育て環境の充実、☆医療・介護・福祉の充実、趣味の作品の展示スペース

【温泉】
○手湯・足湯ができた
▼湯街の心配
☆湯街の景観の活用　☆温泉街の整備　☆エコエネルギーの活用　☆温泉施設の整備演出、☆湖が感じられる場を増やす

【街・街並み】
○温泉街の景観が良くなった
☆湖岸の公園整備が進んだ
▼空き家や手入れ不足の建物等が増えた
☆バリアフリー化、☆交通システムの改善、湖が感じられる場を増やす

【観光・リゾート】
○外国人観光客の増加
▼エコミュージアムセンター、まりも展示館（観光案内所）、シアターなど観光施設が少なくなった　▼航空輸送力の減る　▼観光客の減少
☆郷土力を磨く（まりも、アイヌ文化、大自然、祭）　☆誘客の具体的な仕組みづくり
☆まちの個性化と個々の施設の個性化　☆国際化（ランゲージフリー）（にも対応）
☆タウンドア基地
☆ガイドが自立できる仕組みづくり　☆阿寒湖温泉のテーマパーク化　☆着地型旅行商品の充実　☆イベントのブランディングアップ　☆環境に配慮した温泉地づくり

【土地】
▼老後は…
☆借地問題の改善（世代の改善、固定資産税の調整、返却条件等）

【商店街・商売】
○花を飾って美しくなった
○コンビニができて便利になった
☆やきとり丼を開発、販売
▼土産物（特に木彫）が売れない
☆お客様のニーズの把握、☆土産店の魅力向上・品揃えの工夫、☆食のバラエティ増やす、☆食の土産物開発、☆空き店舗対策、生活関連の小売店の誘致

【情報】
○マスコミへの露出度増、PR強化
☆詳細な観光情報を早くから積極的に発信、☆観光まちづくりの進捗状況を常に住民に発信

【観光まちづくり・観光協会】
○観光まちづくりの体制が強化された　○ホテルと商店街が連携するようになった　○商店街の住民も意見を言えるようになった　○予算が倍になった　○まりも倶楽部がVJCが活躍している
▼入込み減少を食い止められなかった　○合併効果がみられた　▼住民温度差がある
▼事業を広げすぎて手が回らなくなった
▼ボランティアの負担が増えた（不景気で人が確保できない、メンバーの高齢化等）　▼観光協会のリーダーシップ強化、☆お金をかけずに自分達でできることから、☆住民が楽しまずにお客を楽しませられない（観光まちづくりは遊びの達人）
☆前田一歩園含む、☆観光協会との連携、☆雇用の場の創出

図 3-30　推進主体評価の例

基本戦略	施策	No.	プロジェクト	進展した	少し進展	着手せず	5段階評価	中止	継続	内容検討
基本戦略1. 阿寒湖温泉の滞在居住環境を飛躍的に高める							3			
	施策1 多様な宿泊・滞在施設への転換を図る						3			
		1	既存宿泊施設の業態改革		●				●	
		2	若草町団地(住宅地)の長期滞在機能の施設導入検討			●		●		
	施策2 まちなか・商店街の魅力を高める						2			
		3	まちなか景観整備	●					●	
		4	空き店舗の有効活用		●				●	
		5	阿寒湖温泉案内板整備		●				●	
		6	商店街の看板統一化		●				●	
		7	商店街での多言語対応		●				●	
		8	ポストやきとり丼の開発	●						●
		9	湯煙情緒の演出			●			●	
		10	まりも湯周辺の環境整備			●			●	
	施策3 歩きたいまち, 美しいまちを目指す						3			
		11	「湖畔公園」の整備	●					●	
		12	土地利用計画づくり	終了					終了	
		13	除雪センターの活用		●				●	
		14	土地(旧阿寒ビューホテル)の有効利用	●					●	
		15	中央通りの再整備と交通システムの改善			●			●	
基本戦略2. アイヌスピリットを再構築し, まちづくりに生かす							3			
	施策4 アイヌスピリットを再構築する						3			
		16	アイヌスピリットの再構築		●				●	
		17	「阿寒湖温泉倶楽部(仮)」の創設			●		●		
	施策5 歴史文化交流ゾーン(アイヌ民族村)構想を推進する						3			
		18	「アイヌシアター」運営計画づくり	●					●	
		19	「アイヌコタン」の魅力アップ	●					●	
		20	アイヌ関連イベントの年間スケジュールづくり		●				●	
	施策6 付加価値の高い"モノづくり"を推進する						2			
		21	阿寒湖温泉プロダクト: 手づくり・ほんものづくりの推進	●					●	

図3-31 第三者評価の例

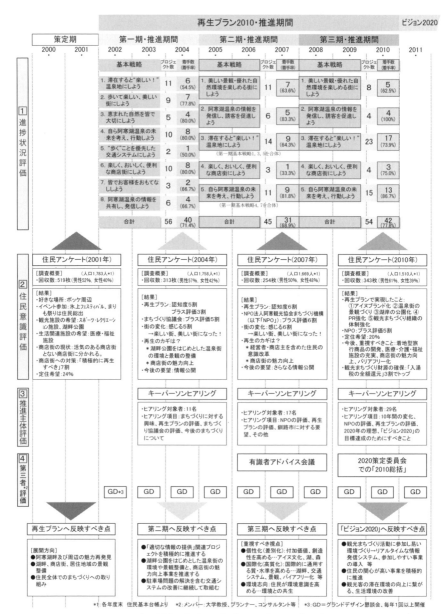

図 3-32 観光計画評価の実践—阿寒湖温泉を例にして
出典：『観光地経営の視点と実践』（公財）日本交通公社。

参考文献：

梅川智也(2012)：「『観光まちづくり』はどこに向かうのか―観光地マネジメントの視点から」『都市計画』No.295，日本都市計画学会．

日本交通公社編（2013）：『観光地経営の視点と実践』，丸善出版．

梅川智也（2016）：「観光地における雇用環境を改善させるために」『観光文化』No.230，日本交通公社．

本章で参考とした観光計画：

「阿寒湖温泉再生プラン 2010」平成 14 年 3 月，阿寒湖温泉活性化戦略会議．
「台東区新観光ビジョン」平成 22 年 3 月，台東区．
「阿寒湖温泉・創生計画 2020」平成 23 年 8 月，NPO 阿寒観光協会まちづくり推進機構．
「富士河口湖町観光立町推進基本計画」平成 26 年 3 月，富士河口湖町．
「第 2 次鳥羽市観光基本計画」平成 27 年 3 月，鳥羽市．
「鳥羽市・漁業と観光の連携促進計画」平成 27 年 3 月，（一社）鳥羽市観光協会．
「白馬村観光地経営計画」平成 28 年 3 月，白馬村．

おわりに　これからの観光計画の課題と展望

　大きく社会経済環境が変化する中で「観光計画」の役割はますます重要性を増している。それは，観光の経済的・社会的効果に対する国民的な理解が進んできたからに他ならない。定住人口が減少し，少子・高齢化が急速に進展する地域社会においては「交流人口」，中でも「観光客の来訪と消費活動」が地域経済の大切な柱であり，地域社会が元気になるための重要な要素ともなっている。

　その観光振興を行政の中できちんと「政策」として位置づけ，計画的に進めるための，いわば地域の「羅針盤」が観光計画である。近年では，海外からの観光客も増加しており，その受入環境整備や推進体制のあり方なども観光計画の中に位置づけら，地域の新しい観光を切り開く「切り札」として積極的に活用されることが期待されている。

（1）観光計画の重要性

　従来の観光振興施策といえば，イベントや誘致宣伝など観光担当課と観光協会などがいわば"勘と経験"によって進められてきた。近年では，行政の継続性や計画性が指摘され，限られた財源の中でいかに有効な施策が展開できるかが問われるようになってきた。そこで重要性を増しているのが「観光計画」であり，単に観光客を増やすといった近視眼的な施策だけでなく，観光と関連する産業との連携や地域景観の保全と育成，住民参加による体験型プログラムづくり，人材育成や推進体制，組織のあり方など中長期的な施策を含めて観光計画が策定されるようになってきている。

　つまり，観光振興がこれまでの地域振興施策の中で，一分野としてしか理解されなかったのが，経済的，社会的な効果を含めて地域活性化の柱として位置づけら

れるようになってきたからに他ならない。

(2) 多様な観光地の課題に対応した計画技術の向上

　当然ながら,観光地は,観光客が来なければ観光地たり得ない。観光計画と都市計画,地域計画との違いは外部から人を呼び込む戦略が盛り込まれているかどうかにある。そのためには,地域住民だけでなく,来訪する観光客や観光産業の実態など市場ニーズの把握,つまりマーケティングが重要となる。

　マーケティングの手法としては,従来からの紙ベースのアンケート調査からWeb調査,SNS分析など急速に進化している。紙から多言語化に容易に対応できるタブレット端末に進化することによってデータ入力の手間がなくなり,リアルタイムで集計結果が可視化される,あるいはGPSを活用した観光行動分析やGPSと検索ワードを組み合わせることにより,観光者の関心事が分析可能となるなどいわゆる"ビッグデータ"を活用したマーケティング技術の進化のスピードは速い。

　これからのインバウンド時代に対応した計画技術の向上が課題であり,一般論を超えて,個々の地域の課題を十分に反映する計画技術,広域的なエリアをカバーする計画技術,関連分野の成果(計画策定に関連する技術開発の成果)を活用する計画技術などが期待されている。

(3) 合意形成と実現化技術の向上

　計画技術の中でも最も重要な課題の一つが合意形成と実現化である。行政と観光関連産業だけで計画策定していた時代とは異なり,住民を含む多様な主体の参画が求められる時代においては,認知技術,合意形成技術,プロセス運営技術,制度活用技術など総合的な計画技術の向上が必要となる。

　観光計画の場合,都市計画とは異なり,計画実現の手法が担保されているわけではない。都市には都市計画法(都市計画事業)があるが,観光地に「観光計画法」(観光計画事業)はない。そのため,観光地の基盤整備に使える公的資金は少なく,民間投資に依存している観光地の整備には限界があり,近年急速に整備が進んだ都市とは大きな差ができてしまったのが現実である。

そのため，民主的なプロセスを経た計画，つまり観光計画の法定化の是非も問われているが，現実にはほとんど進んではいない。そこで，進められているのが，自治体による条例化，そしてそれに基づく計画の策定である。都道府県が先行し，市町村も追随の動きがある。観光が地方自治の中で政策として位置づけられつつあることの証左である。

（4）観光計画と各種法定計画との連携強化

前述のように，「観光計画」は残念ながら法的な担保がない。観光立国推進基本法においても明確に観光計画策定については規定していない。従って，適切な資源の保存管理計画との連携が不可欠となってくるものの，その連携はほとんど行われていないのが現実である。

「自然資源」については，自然公園法に基づく国立公園制度の中で「公園計画」が策定されており，公園ごとに「管理計画書」が定められている。観光計画は，「利用に関する方針」を理解しつつ，利用者サイドからの提言・提案が求められる。

「人文資源」については，文化財保護法に基づく「保存活用計画」，文化庁による「歴史文化基本構想」，都市計画法に基づく「都市計画マスタープラン」，歴史まちづくり法（通称）に基づく「歴史的風致維持向上計画」などを理解しつつ，観光計画の策定を進める必要がある。世界遺産地域についても，「世界遺産地域管理計画」に基づく「適正な利用」を踏まえた観光計画の策定が求められる。

いずれにしても，保護と利用が個別に進められて来たことは否めず，そのバランスを踏まえた計画策定と地域マネジメントの実践こそが「観光計画」に求められている。

一方，近年，急速にその必要性が指摘されているのが，地域防災計画との関係である。安心・安全な観光地づくりを目指して災害時に観光者をどう避難誘導するか，外国人を含めて地理や体力に不安を持ついわば弱者の安全をどう確保していくかが問われている。

(5) 既存観光地再生への期待

　昭和 40 年代の団体旅行が主役の時代に整備が進んだ観光地が更新期を迎えている。いわゆるリニューアル・インフラ更新の時代である。最大需要に対応して整備された宿泊施設や外延化した温泉街など，まさに観光地全体のダウンサイジング，コンパクト化が求められている。規模拡大戦略から質の充実戦略へと大きく舵を切らなければならない。"高質"な施設づくり，空間づくりのノウハウが今求められている。無論，迫られる耐震化対応にも努力して行かなければならない。

　また，観光地は国際化への指向と同時に，個性化を指向しなければならない。他の観光地と比較して何が異なるのか，何がいわゆる「売り」なのかを自らが認識し，明確に打ち出していかなければならない。つまり，「地域性」の理解が求められる。

〈観光振興に寄与するインフラ整備の例〉
- 廃屋の撤去
- 下水道や街路，公園などの整備
- 河川環境や水辺空間の整備
- まちなかの再開発的な事業への支援
- 商店街の活性化支援
- 電線・電柱の地中化
- 建築デザインやファサードの統一，景観ガイドラインの策定
- 並木道や沿道景観などの整備
- 温泉熱の活用による新たな電力の確保　など

(6)「観光地経営」の視点

　"整備・開発"から"管理・運営"の時代を迎え，観光地を経営する，上手くマネジメントする……という考え方が重要となっており，バランスの取れた観光地経営が求められる。そのためにも観光地の経営指標（目標数値の設定や科学的な経営，意志決定の明確化など）を設定して，PDCA システムで監理していくことが望ましい。しかしながら，現実の観光統計には課題も多く，その精度の向上なくして KPI

の設定も無意味なものとなりかねない。

　「観光地経営」の要諦は，組織と人材，そして財源である。具体的には，観光地を経営する主体となる組織のあり方が問われる。行政か，既存の観光協会など観光推進組織か，いずにしても官民の連携なくして組織は成り立たない。日本版 DMO の役割，機能が問われているが，観光地としての将来ビジョン，つまりどういう観光地を目指すのか，を明確にすることが肝要であろう。組織には人材が必要であり，観光地づくりのノウハウをもつ人材の存在が問われることとなる。無論，アドバイザー，コーディネーターなど外部人材の派遣も可能性としてはあり得る。

　また，財源をどう確保するかは，経営主体の自立性，主体性の発揮にとって重要な意味をもつ。行政からの補助金によって，大半が賄われている観光協会が少なくない中で，独自の財源を確保することは観光計画の実現化プロセスに重要な意味を持つ。

(7) 観光計画の新たな役割と位置づけ―観光政策への展開

　観光政策が高度な総合政策として認知されるようになると，単に観光部局だけでなく，より幅広い政策に関与する企画部局で策定されることもあり得る。例えば観光政策と産業政策で言えば，産業遺産観光や農村観光（グリーンツーリズム）などが関連するし，教育政策との関係で言えば，修学旅行の受入れや観光教育（地域学など）と関連する。地方政策と観光政策との関係では過疎地の活性化や離島振興などとも関連することとなる。

　これまでの「縦割り」の政策分野に限らず，様々な政策と関係するのが観光政策であり，既存の政策分野を活性化させたり，イノベーションしたりする役割も有している。それを総合的にコーディネートするのが，観光計画の新たな役割である。

参考文献（「観光計画論」の参考となる主要書籍一覧）

日本観光協会編（1970）:『観光開発計画の手法』（観光基本資料シリーズ6）.
ラック計画研究所編（1975）:『観光・レクリエーション計画論』技報堂出版.
日本観光協会編（1976）:『観光計画の手法』（観光基本資料シリーズ27）.
鈴木忠義・毛塚宏・永井護・渡辺貴介編（1984）:『〈土木工学大系30〉ケーススタディ:観光・レクリエーション計画』彰国社.
日本観光協会編（1990）:『日本型リゾート計画論:滞在型観光地の整備・運営に関する調査研究報告書』.
日本観光協会編（1993）:『観光施設の空間と経営指標〈1〉単体施設編』.
日本観光協会編（1993）:『観光施設の空間と経営指標〈2〉複合観光施設・観光地編』.
前田豪（1992）:『観光・リゾート計画論―日本型観光・リゾートを目指して』綜合ユニコム.
日本観光協会編（1992）:『外国人がひとり歩きできる国際観光地整備に向けて（その1）』.
日本観光協会編（1993）:『外国人がひとり歩きできる国際観光地整備に向けて（その2）』.
日本観光協会編（1994）:『外国人がひとり歩きできる国際観光地整備に向けて（その3）』.
日本観光協会編（1994）:『新時代の観光戦略・上』.
日本観光協会編（1994）:『新時代の観光戦略・下』.
日本観光協会編（1992）:『観光地づくりの実践〈1〉』.
日本観光協会編（1993）:『観光地づくりの実践〈2〉』.
日本観光協会編（1994）:『観光地づくりの実践〈3〉』.
西村幸夫編著（2009）:『観光まちづくり―まち自慢からはじまる地域マネジメント』学芸出版社.
日本交通公社編著（2013）:『観光地経営の視点と実践』丸善出版.

◆索　引◆

あ行

依存財源　142, 143, 145, 146
絵に描いた餅　4, 106, 132, 140, 149
エリアマネジメント　29

か行

外貨獲得　3, 14, 15
会議運営　127, 130
外部環境の変化　110
観光カリスマ　28
観光関連産業　2, 3, 41, 110, 125
観光客数　67, 112, 113
観光客満足度　112, 113
観光計画に示される目標　66
観光計画の課題　65, 159
観光計画の期間　59
観光計画の策定主体　101, 133
観光計画の性格　41
観光計画の地域における役割　54
観光計画の評価・検証と見直し　149
観光計画の変遷　9, 30
観光計画の目的　43, 45, 79, 133
観光計画の役割　140
観光経済波及効果　112, 113
観光圏整備法　26
観光資源　19, 41, 76, 80, 113
観光資源台帳　19
観光消費額　66, 112, 113
観光診断　13, 14, 25, 30, 32
観光政策　3, 163
観光地管理　24
観光地区　57, 58, 93, 94
観光地経営　8, 82, 133, 152, 162

観光地経営計画　29
観光地タイプ　2
観光地づくり　21, 23, 28, 37, 161
観光地点　57, 92-94
観光庁　26, 27, 29, 148
観光白書　16
観光立国推進基本計画　26, 39, 106, 117, 136
観光立町推進基本計画　136, 138, 139
観光立町推進条例　106, 136, 138
企画コンペ方式　104
寄付金　142
基本計画　49, 59, 62, 75, 76
基本構想　49, 59, 62, 71, 96
基本戦略　67, 68, 119
基本方針　62, 66, 67, 73, 115
基本理念　53, 67, 138
90年代観光振興行動計画　24
協働　8, 27
協力金　103, 142-144
協力金制度　143
グランドデザイン懇談会　139, 140
経営状況　83, 111, 112
計画監理　121, 136, 138, 139
計画監理組織　138, 139
計画期間　59, 66, 108, 117, 128
計画技術　3, 76, 107, 119, 160
計画技術の向上　160
計画策定のフロー　119
計画策定体制　102-104, 121, 127
計画対象地　102, 103, 128
計画目標　115
景観緑三法　26
KPI　119, 162
原単位　3, 19, 33, 80, 82

合意形成　73, 85, 99, 127, 160
公募　104, 128, 129
国際観光ホテル整備法　144
国有林野　20

さ行

策定委員会　103-105, 129
策定委員会設置規約　129
策定作業　48, 73
策定主体　57, 58, 84, 90, 102
策定体制　103, 127
策定メンバー　127, 131
事業実施体制　121, 140
自主財源　142, 143, 145
自然公園法　13, 53, 161
持続的発展　27, 123
市町村の総合計画　51, 108
実施計画　49, 59, 96, 106, 140
実施主体　71, 106, 120, 132, 140
指定管理者制度　145
従業員満足度　112, 113
住民意識評価　152
住民参加　3, 8, 159
住民満足度　112, 113
従来型観光　21, 27, 30
受益者　47, 103, 124
手段・手法　134
主要施策　119
需要予測　3, 68, 82
上位計画　51, 52, 63, 108, 111
情報共有　132
将来ビジョン　3, 136, 151, 163
人材の確保・定着・育成　147, 149
新全国総合開発計画　16, 20
進捗状況評価　152
推進主体　29, 120, 133, 140, 152
推進主体評価　152
スキー場開発　20
住んでよし，訪れてよし　27, 113
世界に誇れる観光地　2, 5-7

全国総合開発計画　16
総合政策　163
総合保養地域整備法　24
ゾーニング　68, 78-80

た行

大規模観光レクリエーション地区　16
大規模年金保養基地　20
第三次総合全国開発計画　21
第三者評価　152
対象地域　57, 80, 85, 92, 102
第4次全国総合開発計画　24
他産業との連携　141
地域課題　83, 115, 126
地域づくり　3, 26, 36, 48, 141
地域特性　111, 112
地域らしさ　27, 111
着地型旅行商品　27, 37, 68, 142, 146
超過課税　143, 144
長期滞在　2
適地選定　3, 80

な行

日本版 DMO　29
ニューツーリズム　27, 29, 37
入湯税　143, 144

は行

パブリック・インボルブメント　105
パブリックコメント　105, 131, 144
PDCA　28, 75, 106, 133, 149
PDCAサイクル　149-151
ファシリテート能力　132
プラットフォーム　28, 30, 123
プラン　48
プランナー　35, 103, 111, 132
方策の体系　68-70
法定外税　142-144
法定外目的税　142, 143
法定計画　52, 64, 101, 128, 161

補助事業　48, 134, 143, 146
ボランティアガイド　26

ま行

マネジメント型の計画　133
目指すべき将来像　117
メッシュによる資源解析　18

や行

優先順位　65, 120, 136, 140, 151

ら行

羅針盤　1, 159
リゾート地　2, 25
リニューアル　29, 44, 162
旅館業法　13
旅行・観光消費動向調査　148
旅行あっ旋業法　13
レクリエーション都市　18
レクリエーション利用　20

わ行

ワーキング　103-105

編著者略歴

梅川智也（うめかわ・ともや）
公益財団法人日本交通公社　理事・観光政策研究部長。
1958年生まれ。1981年財団法人日本交通公社調査部入社以来，全国の観光地の活性化や観光計画の策定，観光地経営，観光まちづくりなどに取り組む。2013年より現職。筑波大学大学院客員教授，立教大学観光学部兼任講師。日本観光研究学会副会長。技術士（建設部門／都市及び地方計画）。

日本観光研究学会　事務局
〒171-0021　東京都豊島区西池袋4-16-19　コンフォルト池袋106
Tel. 03-6709-2906　Fax. 03-6709-2907

観光学全集　第7巻
観光計画論1──理論と実践

●

2018年3月25日　第1刷

編著者・・・・・・・・・梅川智也
発行者・・・・・・・・・成瀬雅人
発行所・・・・・・・・・株式会社原書房
〒160-0022　東京都新宿区新宿1-25-13
電話・代表03 (3354) 0685
http://www.harashobo.co.jp
振替・00150-6-151594

装幀・・・・・・・・・有限会社ロクオ企画
印刷・製本・・・・・・・・・株式会社ルナテック

©Tomoya Umekawa 2018
ISBN978-4-562-09210-9, Printed in Japan